COMPRENDRE

revista catalana de filosofia

Comprendre. Revista catalana de filosofia. Coeditada per Herder Editorial i Facultat de Filosofia de la Universitat Ramon Llull. Els originals per sotmetre a consideració del Consell de redacció cal enviar-los a:

Comprendre. Revista catalana de filosofia
La Salle Campus Barcelona
Facultat de Filosofia
Universitat Ramon Llull
C/ Sant Joan de La Salle, 42 - 08022 Barcelona
Tel. (00) - 34 - 932902044
comprendre@salle.url.edu
https://www.salleurl.edu

Per a subscripcions i comandes
Herder Editorial
Tel. 934762640 - Fax 932073448
revista@herdereditorial.com
http://www.herdereditorial.com

Preu exemplar: 13,50 € (IVA inclòs)
Preu de subscripció: 20 € / any (IVA inclòs)
Periodicitat semestral

COMPRENDRE està indexada a ERIH Plus, IBZ (Internationale Bibliographie der geistes-und sozialwissenschaftlichen Zeitschiftenliteratur), IBR (Internationale Bibliographie der geistes-und sozialwissenschaftlichen Literatur), ISOC (C.S.I.C.), Latindex (UNAM, Mèxic), Philosopher's Index, Répertoire bibliographique de la philosophie.
COMPRENDRE ha estat seleccionada per Elsevier a fi de ser indexada a SCOPUS des de desembre de 2015

Maquetació: Fotoletra, SL

Coberta: Michel Tofahrn
Impressió: Fotoletra, SL
Dipòsit legal: B-31.512-2012
ISSN: 1139-9759
ISSN electrònic: 2385-5002

COMPRENDRE
revista catalana de filosofia
Vol. 27/2 Any 2025

Editorial

Articles / Articles

Ressenyes / Reviews

EDITORIAL

Jordi FEIXAS i ROIGÉ

L'educació liberal i els *grans llibres* en la universitat del segle XXI

Des de fa uns anys, la idea d'una educació liberal basada en els *grans llibres* ha aparegut amb una força renovada en el món universitari occidental. Concretament, la seva presència s'estén lentament en contextos d'educació superior que van més enllà de l'àmbit acadèmic anglosaxó, on l'educació liberal ha tingut els seus exponents més rellevants des del naixement dels programes de *grans llibres* als Estats Units de mitjans del segle passat. La Salle - Universitat Ramon Llull és un exemple de la recuperació d'aquesta pràctica educativa. Des del curs 2023-2024, la seva Facultat de Filosofia lidera el desenvolupament de cursos transversals a tots els estudis del campus, dedicats a la lectura i al debat sobre grans obres literàries i filosòfiques de la nostra tradició. Així mateix, el Grau en Filosofia de La Salle – URL ha estat redissenyat per ser impartit a través de seminaris de *grans llibres* —un model singular en l'entorn educatiu en el qual s'inscriu aquesta universitat. En aquest context, *Comprendre* també contribueix, des de l'àmbit de la recerca i amb aquest monogràfic, a reflexionar sobre què és una educació liberal basada en els *grans llibres* i sobre quin paper pot jugar aquesta educació en la universitat del segle XXI.

La raó del compromís amb una educació liberal basada en els *grans llibres* segueix sent la mateixa raó de sempre, perquè no hi ha cap canvi històric, sigui moral o tècnic, que sembli poder alterar el que és essencial en nosaltres. En aquest sentit, parlar d'universitat és parlar d'educació superior i una educació veritablement superior només pot ser aquella que contempla l'ésser humà en la seva integritat i completesa, això és, en el marc de les possibilitats més altes de la seva condició. Des d'aquesta perspectiva, els humans són el que *aprenen* a esdevenir segons les respostes als interrogants més rellevants que acompanyen la condició humana des de sempre. Aquestes respostes donen un fi i un sentit a l'existència i d'elles depèn el tipus de vida individual i col·lectiva que viuen les persones, sigui quina sigui la seva professió. A la vegada, la llibertat que poden conquerir els homes i les dones a l'hora de respondre a aquests interrogants és probablement la llibertat més genuïnament humana i, conseqüentment, l'educació més elevada és aquella que, nodrint amb coneixement aquesta llibertat, apunta als fins que orienten l'existència i no només als mitjans que la sostenen. L'educació liberal a través dels *grans llibres* és aquest tipus d'educació. Llegir els *grans textos,* pensar i buscar respostes argumentades als problemes que plantegen i fer-ho en debat amb altres companys, és un exercici en les capacitats més singularment humanes. Enmig d'un món sotmès als imperatius tècnics i a l'acceleració social que hi va lligada, que dificulten el pensament sobre les coses més importants, la universitat té el deure de connectar de nou els estudiants amb allò més essencial: les qüestions fonamentals de les seves vides i l'educació en la llibertat de respondre-les per si mateixos.

Els articles d'aquest monogràfic presenten diverses reflexions al voltant de l'educació liberal basada en els *grans llibres:* des de la seva definició, fins a l'anàlisi d'experiències pràctiques, passant per la discussió filosòfica sobre els seus fonaments. Clemente Cox (Universidad de los Andes) situa els cursos de *grans llibres* i l'educació liberal en el context més ampli dels debats sobre l'educació universitària, buscant reforçar els seus fonaments en les figures d'Erasme de Rotterdam i Thomas More. Àngel Pascual (Universitat de Barcelona) interpreta i reflexiona sobre el pensament del jove Mortimer Adler, personatge clau en els moviments per a l'educació liberal als Estats Units. Emma Cohen de Lara (University of Amsterdam) explica la pràctica d'un seminari de *grans llibres* i defensa la importància d'una educació liberal en una universitat moguda generalment per la lògica de mercat. David Luque i Vannesa Hortal (Universidad Complutense) detallen les diverses tradicions de l'educació liberal i plantegen anar més enllà amb l'ajuda del pensament d'Iris Murdoch, Maxine Greene i Martha Nussbaum. Finalment, José Manuel Mora-Fandos (Universidad Complutense) parteix d'una explicació sobre els seminaris de *grans llibres* i obre una reflexió hermenèutica a través del pensament de Paul Ricœur, orientada a comprendre els efectes existencials que aquests seminaris tenen sobre els seus participants. Des de perspectives diferenciades, els autors d'aquests textos contribueixen amb la seva recerca al coneixement i defensa d'una educació liberal per a la universitat del segle XXI.

Jordi FEIXAS i ROIGÉ
SGR Research Group on Smart Society
Facultat de Filosofia La Salle – URL

LOS CURSOS DE *GRANDES LIBROS* EN LA UNIVERSIDAD CONTEMPORÁNEA: EDUCACIÓN LIBERAL, FORMACIÓN MORAL Y EDUCACIÓN CÍVICA

Clemente COX CRUZAT

University of Dallas (USA) / Universidad de los Andes (Chile)

cjcox@miuandes.cl

Núm. ORCID: 0000-0001-7418-9385

Article rebut: 31/05/2025

Article acceptat: 17/09/2025

DOI: 10.6940/comprendrev27n2id9900233

Resumen

Este ensayo examina el lugar que los cursos de *grandes libros* pueden ocupar en la universidad contemporánea, en diálogo con tres grandes ejes de debate: la tensión entre educación técnica y humanista, entre instrucción intelectual y formación moral, y entre educación individual y cívica. Se argumenta que estos cursos, concebidos como instancias privilegiadas de educación liberal, impactan necesariamente en la formación moral y cívica. Inspirándose en la tradición humanista renacentista, se propone robustecer su modelo mediante una recuperación de las artes del lenguaje (*trivium*), para formar no solo el juicio y el autoconocimiento, sino también una palabra virtuosa, orientada a la vida pública.

Palabras clave: cursos de *grandes libros*, educación liberal, universidad, formación moral, educación cívica.

Great Books Courses in the Contemporary University: Liberal Education, Moral Formation, and Civic Education

Abstract

This essay examines the role that Great Books courses can play in contemporary universities, in relation to three major areas of debate: the tension between technical and humanistic education, between intellectual instruction and moral formation, and between individual and civic education. It argues that these courses, conceived as privileged instances of liberal education, necessarily impact both moral and civic formation. Drawing on the Renaissance humanist tradition, the essay proposes strengthening this model by recovering the centrality of the arts of language (*trivium*), with the aim of fostering not only judgment and self-understanding, but also a virtuous use of language oriented toward public life.

Keywords: Great Books courses, liberal education, university, moral formation, civic education.

1. Introducción

Las preguntas acerca de la naturaleza y el propósito de la universidad permanecen abiertas y son objeto de constante debate en el contexto actual. Esta apertura no es un defecto, sino más bien un signo de la profundidad y la complejidad de las cuestiones implicadas: ¿qué significa educar?, ¿para qué sirve la universidad?, ¿qué tipo de formación debería ofrecer al estudiante? Tales preguntas remiten, en última instancia, a aspectos esenciales de la vida humana y, por ello, su discusión posee no solo un valor académico, sino también un alcance existencial y cívico.

Este ensayo no pretende ofrecer un análisis exhaustivo de la vasta pluralidad de posturas y modelos que hoy se enfrentan en el debate sobre la educación universitaria.[1] Su propósito es más acotado: ofrecer un marco comprensivo para entender por qué se proponen los cursos de *grandes libros* en la universidad actual y cómo se insertan en los debates contemporáneos sobre educación.[2] En efecto, los cursos de *grandes libros* se han convertido, en ciertos contextos universitarios, en un terreno privilegiado donde confluyen diversas expectativas y tensiones acerca de qué debería ser una educación verdaderamente formativa.

El recorrido que aquí se propone es el siguiente: en primer lugar (sección 2), se revisarán algunos de los debates fundamentales que atraviesan hoy la reflexión sobre la

[1] Para un tratamiento sobre la complejidad del mundo universitario actual y una propuesta para el futuro, véase Fischman, W. y Gardner, H. *The Real World of College: What Higher Education Is and What It Can Be.* Londres y Cambridge: MIT Press, 2022. Un excelente compendio de textos claves para la formación de la universidad de investigación moderna, desde sus fuentes alemanas hasta debates en torno a la educación general y las humanidades transcurridos en Estados Unidos hacia mediados del siglo xx, se encuentra en Menand, L., Ritter, P. y Wellmon C. (eds.). *The Rise of the Research University: A Sourcebook.* Chicago y Londres: The University of Chicago Press, 2017.

[2] Un tratamiento histórico del movimiento de los *grandes libros* y su relación con la idea de un *core curriculum*, junto con una exposición sistemática sobre sus principales elementos y una propuesta para la universidad de tradición napoleónica puede verse en Torralba, J. M. *Una educación liberal: Elogio de los grandes libros.* Madrid: Encuentro, 2022.

universidad, en particular tres ejes de discusión que afectan de manera directa a las propuestas educativas inspiradas en la tradición humanista. En segundo lugar (sección 3), se examinará cómo los cursos de *grandes libros* se relacionan con estos debates y qué funciones se les atribuyen en este contexto. Finalmente (sección 4), a modo de aporte personal, se ofrecerán algunas reflexiones inspiradas en la tradición humanista del Renacimiento para esbozar posibles orientaciones que enriquezcan y afiancen el sentido de estos cursos en la educación universitaria contemporánea.

2. Tres ejes del debate universitario contemporáneo

En la universidad actual existen múltiples debates acerca de qué tipo de educación es deseable y posible. El panorama es vasto y heterogéneo, pero ciertos focos de tensión aparecen de forma recurrente y atraviesan muchas de las discusiones contemporáneas. Este ensayo se concentrará en tres ejes principales de debate que, si bien pueden tratarse por separado, están profundamente entrelazados:

(i) la tensión entre educación liberal y educación técnica;
(ii) la tensión entre formación intelectual y formación moral;
(iii) la tensión entre educación individual y educación cívica.

Estos ejes no representan dilemas nuevos, pero adquieren una urgencia especial en una época en que las universidades enfrentan una presión creciente para justificar su función social, su valor económico y su impacto político. A continuación, se expone, de manera general, el contenido de cada uno de estos debates.

2.1. Educación liberal y educación técnica

El primer eje gira en torno al lugar que corresponde a la educación liberal —o humanista— en la universidad actual.[3] En un contexto dominado por lógicas de empleabilidad, productividad y eficiencia, las humanidades parecen haber quedado en una

[3] Un influyente tratamiento, con algo de polémico, de los últimos años se encuentra en Nussbaum, M. C. *Not for Profit: Why Democracy Needs the Humanities*. Princeton y Oxford: Princeton University Press, 2010. Para un enfoque similar de la misma autora, pero más enfocado en la educación superior, véase Nussbaum, M. C. *Cultivating Humanity. A Classical Defense of Reform in Liberal Education*. Cambridge: Harvard University Press, 1997. Una defensa popular de las artes liberales se encuentra en Zakaria, F. *In Defense of a Liberal Education*. Nueva York: W.W. Norton & Company, 2016. Para una propuesta reciente sobre la utilidad de la educación liberal, véase Anders, G. *You Can Do Anything: The Surprising Power of a «Useless» Liberal Arts Education*. Nueva York: Back Bay Books, 2019. Para una breve y aguda revisión histórica de la universidad y su relación con las humanidades, véase Gray, H. H. *Searching for Utopia: Universities and Their Histories*. Berkeley, Los Angeles y Londres: University of California Press, 2012.

posición defensiva.[4] ¿Tiene todavía sentido formar a los estudiantes en literatura, filosofía, historia o arte, cuando las disciplinas STEM (ciencia, tecnología, ingeniería, matemáticas) prometen salidas laborales claras y contribuciones medibles al desarrollo económico?

La pregunta sobre la vigencia del ideal de una educación liberal no es simplemente pragmática; apunta a una concepción más profunda del saber. ¿Debe la universidad limitarse a ofrecer conocimientos aplicables y habilidades técnicas, o también cultivar la capacidad de pensar críticamente, de comprender el mundo en su complejidad y de habitar con responsabilidad una tradición cultural? Aun sin resolver del todo esta tensión, muchas instituciones buscan articular algún tipo de equilibrio entre ambas dimensiones, sin que ello evite que la sospecha sobre la supuesta inutilidad de las humanidades persista, tanto dentro como fuera de la universidad.[5]

2.2. Instrucción intelectual y formación moral

El segundo eje —estrechamente vinculado al anterior— se refiere al tipo de formación que la universidad puede y debe ofrecer. Tradicionalmente, se ha considerado que la tarea de las instituciones de educación superior es proveer instrucción rigurosa en las distintas disciplinas del saber. Sin embargo, en las últimas décadas ha cobrado fuerza la idea —en absoluto ajena, por supuesto, a la idea misma de universidad—[6] de que estas

---

[4] Para una revisión crítica y sugerente interpretación de la idea de que las humanidades están en crisis en la universidad contemporánea, véase Ritter, P. y Wellmon, C. *Permanent Crisis: The Humanities in a Disenchanted Age.* Chicago y Londres: The University of Chicago Press, 2021.

[5] Para interesantes consideraciones sobre los avatares de las artes liberales y una serie de propuestas de reintegración y actualización en los contextos actuales, véase Marber, P. y Araya, D. (eds.) *The Evolution of Liberal Arts in the Global Age.* Londres: Routledge, 2017. Una defensa reciente del rol de las artes liberales en la sociedad contemporánea y su integración en los distintos niveles educativos puede encontrarse en Bilbro, J., Wilson, J. H. y Henreckson, D. (eds.). *The Liberating Arts: Why We Need Liberal Arts Education.* Walden: Plough Publishing House, 2023. Una muestra representativa de los esfuerzos, en distintas partes del mundo, por integrar la tradición de la educación liberal en la educación universitaria se encuentra en un volumen de la revista *Dædelus* especialmente dedicado a los avances y desafíos de la universidad actual desde una perspectiva internacional. El volumen fue editado por Wendy Fischman, Howard Gardner y William C. Kirby. Cf., editado por estos autores: *Dædalus. Journal of the American Academy of Arts & Sciences* 153(2), 2024.

[6] Como dice Aurell a propósito de la universidad medieval, «la adquisición de nuevas virtudes morales se asociaba con la adquisición de conocimientos teóricos. El estudiante universitario debía dejar atrás las costumbres rústicas del campo y adquirir los modales urbanos de la ciudad, en un proceso de «urbanización» de las formas y costumbres, que lo llevaba de la brutalidad a la humanidad. Además, la corporación universitaria debía cumplir con deberes religiosos y actos de caridad. Sus miembros estaban obligados a asistir a ciertos oficios religiosos y procesiones, y a realizar determinadas devociones, incluidas aquellas dirigidas a los santos y patronos de cada facultad». Aurell, J. «The origins of the university: Questions of identity and historical continuity». *Church, Communication and Culture* 9(2), 2024, p. 141. Esta y todas las otras traducciones del inglés al castellano en este trabajo son de mi autoría.

instituciones pueden y, en la opinión de algunos, deben jugar un papel importante en la formación moral de sus estudiantes.[7]

Este debate ha sido alimentado por la revalorización contemporánea de la ética de la virtud de inspiración aristotélica como marco para repensar la educación.[8] Desde esta perspectiva, aprender no se limita a adquirir información o resolver problemas abstractos: implica también ejercitar la deliberación práctica, cultivar hábitos de juicio, y orientarse hacia formas de vida valiosas. Lo que está en juego no es simplemente la transmisión de valores, sino la posibilidad de promover una educación que tenga como objetivo lo que la bibliografía denomina *flourishing*, es decir, el desarrollo integral de la persona en sus dimensiones social, moral, emocional e intelectual.[9] No se trata de moralizar la universidad, sino de reconocer que toda experiencia educativa profunda tiene, inevitablemente, consecuencias sobre cómo uno vive. Y la cuestión que se impone es si esas consecuencias deben ser ignoradas, asumidas o incluso deliberadamente orientadas.[10]

2.3. Educación individual y educación cívica

El tercer eje puede entenderse como una prolongación del anterior.[11] Si la universidad contribuye —directa o indirectamente— a la formación moral de sus estudiantes, ¿no está también formando ciudadanos? En una sociedad democrática, ¿no debería ser uno de sus fines preparar a los jóvenes para participar con responsabilidad y lucidez en la vida pública?

Esta es una intuición antigua, renovada hoy por pensadores como Martha C. Nussbaum, Danielle Allen o Wilfred McClay, quienes sostienen que una verdadera educación liberal no solo cultiva el juicio individual, sino también las virtudes cívicas

[7] Para algunas propuestas de distinto tono sobre el papel de la universidad contemporánea en la formación moral, véase Kiss, E. y Euben, J. P. (eds.). *Debating Moral Education. Rethinking the Role of the Modern University.* Durham: Duke University Press, 2010.

[8] Para una muestra representativa de este movimiento, véase Brooks, E., Lamb, M. & Brant, J. (eds.). *Cultivating Virtue in the University.* Nueva York: Oxford University Press, 2022.

[9] Cf. Jubilee Centre for Character and Virtues y Oxford Character Project, «Character Education in Universities. A Framework for Flourishing», p. 2.

[10] Una suerte de manifiesto sobre este tema es el ya citado «Character Education in Universities. A Framework for Flourishing» elaborado por el Jubilee Centre for Character and Virtues de la University of Birmingham y el Oxford Character Project de la University of Oxford. Para la relación entre *flourishing* y educación, véase Kristjánsson, K. *Flourishing as the Aim of Education: A Neo-Aristotelian View.* Abingdon: Routledge, 2020. Este enfoque también ha recibido críticas. Por ejemplo, véase Carr, D. «Where's the Educational Virtue in Flourishing?» *Educational Theory* 71(3), 2021, pp. 389-407.

[11] Una exploración del vínculo entre formación del carácter y formación cívica puede verse, entre otros, en Naval, C., Villacís, J. L. e Ibarrola-García, S. «The Transversality of Civic Learning as the Basis for Development in the University». *Education Sciences* 12(240), 2022, pp. 1-16.

necesarias para la deliberación pública, el respeto a la pluralidad y la defensa del bien común.[12] Desde esta óptica, la lectura de los clásicos, el ejercicio del diálogo argumentado y el reconocimiento de una tradición compartida no son actividades meramente académicas: son actos fundacionales de la ciudadanía.

Por supuesto, hay importantes diferencias de énfasis entre las voces que integran este debate, y la expectativa de que la universidad forme cívicamente no está exenta de riesgos. Puede degenerar en adoctrinamiento o en una visión idealizada de la relación entre cultura y política.[13] Sin embargo, su valor no reside en ofrecer un programa cerrado de formación política, sino en abrir un espacio de reflexión sobre el lugar del individuo en la comunidad, sobre las condiciones de posibilidad de la libertad y sobre los bienes comunes que una sociedad aspira a preservar.

3. El *core curriculum* y los cursos de *grandes libros* en el contexto de los debates contemporáneos

3.1. El *core curriculum* como respuesta a las tensiones de la educación universitaria

En aquellas universidades que reconocen la profundidad de los debates contemporáneos sobre el sentido y los fines de la educación —y que se preocupan, en consecuencia, por ofrecer una formación que no se reduzca a la mera transmisión de competencias técnicas—, el diseño de un *core curriculum* ha emergido como una estrategia curricular relevante.[14] Su propósito no es simplemente añadir algunas asignaturas generales al programa de estudios, sino articular un espacio formativo que contribuya —de distintos modos según la institución— a los fines de una educación liberal, moral y cívica.

Como han señalado Pujol y La Porte, el *core curriculum* puede desempeñar al menos dos funciones fundamentales dentro de la universidad actual.[15] Por un lado, constituye un espacio donde la misión de la universidad puede ser repensada y reimaginada. En

---

[12] Véanse Allen, D. «The Future of Democracy. How Humanities Education Supports Civic Participation». *Humanities* 37(2), 2016, McClay, W. «Identity, Patriotism, and Education». *Law & Liberty*, 7 septiembre 2021 y McClay, W. «The Case for the Liberal Arts: Stronger Than Ever?» *The Imaginative Conservative*, 5 mayo 2021. Para las referencias a Nussbaum, ver arriba nota 3.

[13] Cf. las críticas a visiones idealizadas de esta relación en Eliot, T. S. «Notes Towards the Definition of Culture». En *Christianity & Culture*. San Diego, Nueva York & Londres: Harvest, 1967, pp. 158-186.

[14] Una fina revisión de la evolución histórica de los planes de estudio universitarios en general, del *core curriculum* de carácter obligatorio, y su relación con las demandas de la sociedad puede verse en Bok, D. *Higher Expectations. Can Colleges Teach Students What They Need to Know in the 21st Century?* Princeton y Oxford: Princeton University Press, 2020, pp. 5-21. Cf. también Torralba, J. M. *op. cit.*, pp. 37-63.

[15] Cf. Pujol, J. y La Porte, J. M. «Why universities? Key socio-cultural players in the twenty-first century». *Church, Communication and Culture* 9(2), 2024, pp. 133-134.

un contexto en el que muchas decisiones institucionales tienden a responder a necesidades funcionales de corto plazo, estos cursos ofrecen la posibilidad de sostener un ámbito de reflexión estratégica en el interior de la misma comunidad, donde se considera la misión educativa de la universidad en relación con los grandes desafíos de una sociedad en transformación. Actúa, en este sentido, como un laboratorio de ideas, que permite proyectar de manera coherente la dimensión humanista de la universidad hacia el futuro.[16]

Por otro lado, el *core curriculum* cumple también una función estratégica de carácter antropológico. A través de su diseño y contenidos, transmite una determinada visión del ser humano, de la vida buena y de los valores que sustentan la convivencia social.[17] Toda experiencia educativa implica siempre una determinada concepción de la realidad y de la condición humana; el *core curriculum*, al ofrecer un espacio común de formación, permite que esta dimensión formativa sea consciente, integrada y transversal a los distintos programas de estudio. Incluso en relación con áreas técnicas y científicas, las cuestiones éticas, los dilemas humanos y las referencias culturales que estructuran la experiencia profesional y ciudadana encuentran aquí un marco de reflexión articulado.[18]

Desde esta perspectiva, el *core curriculum* puede ser visto como un instrumento para afrontar las tres grandes tensiones que hemos identificado previamente: al afirmar el valor de una educación liberal, ofrece una respuesta a la disyuntiva entre formación técnica y formación humanista; al integrar contenidos y prácticas orientadas a la formación integral de la persona, contribuye a articular la relación entre formación intelectual y formación moral; y al promover una comprensión más profunda de la vida en comunidad y del bien común, sienta las bases para una auténtica educación cívica.

3.2. Los cursos de *grandes libros* como modalidad privilegiada de *core curriculum*

En muchos contextos universitarios contemporáneos, los cursos de *grandes libros* se han propuesto como una modalidad particularmente privilegiada de implementar el *core curriculum*, ya sea como componente central y obligatorio, o como parte opcional o complementaria. El interés que estos cursos han suscitado en diversas instituciones responde precisamente a su capacidad para ofrecer, en el marco de unos requisitos de

---

[16] Cf. Torralba, J. M. *op. cit.*, pp. 139-144.

[17] Cf. Montás, R. *Rescuing Socrates: How the Great Books Changed My Life and Why They Matter for a New Generation*. Princeton y Oxford: Princeton University Press, 2021, pp. 191-193.

[18] Cf. Torralba, J. M., *op. cit.*, pp. 109-121.

educación general, una experiencia formativa que aborda de manera integrada—aunque con matices que debemos precisar— las tensiones antes señaladas.[19]

Por «cursos de *grandes libros*» se entiende aquí aquellas instancias curriculares universitarias de pregrado centradas en la lectura directa y en la discusión de obras fundamentales de la cultura y del pensamiento con grupos reducidos de alumnos (idealmente, no más de 25). Con frecuencia, estos cursos se enmarcan en programas de *core curriculum* obligatorio o semiobligatorio. Suelen estar estructurados en torno a la participación activa de los estudiantes, desarrollada idealmente en forma de conversación socrática a partir de los textos originales, sin el filtro de manuales o textos secundarios.[20] Asimismo, prefieren generalmente la escritura de ensayos argumentativos breves como método principal de evaluación.[21]

En el contexto universitario actual, el carácter peculiar de estos cursos reside en que se proponen de modo explícito como una experiencia intelectual transformadora, articulada en torno a la confrontación de los estudiantes con las grandes cuestiones de la vida humana: el bien, la justicia, la verdad, el alma, la muerte, Dios, el amor, entre otras. Si bien existen diferencias en los modelos institucionales y en las justificaciones particulares, es claro que en la mayoría de los casos los cursos de *grandes libros* se conciben como una oportunidad destacada dentro de la formación universitaria para plantearse esas preguntas fundamentales a través de la lectura y discusión de los *grandes libros*.

Este enfoque se refleja, por ejemplo, en la manera en que diversas instituciones presentan sus programas. La Universidad de Columbia describe estos cursos como dedicados a las «preguntas más duraderas de la humanidad»,[22] la Universidad de Dallas habla de la reflexión «sobre los aspectos fundamentales de la realidad» y de la «investigación sobre las cuestiones perennes de la existencia humana»,[23] y la Universidad de Navarra

---

[19] De algún modo, en cuanto preocupaciones educativas, estos tres ejes están también presentes en la idea misma de los *grandes libros* como vehículo de formación cultural. Para una revisión histórica del movimiento de los *grandes libros* como movimiento cultural y su posterior implementación en cursos universitarios, véase Lacy, T. *The Dream of a Democratic Culture: Mortimer J. Adler and the Great Books Idea.* Londres: Palgrave Macmillan, 2013. Algunas de las limitaciones inherentes a este movimiento (también en su aplicación universitaria) se señalan en Ellis, E. «Are the Great Books Enough to Revive Our Education System?». *The Imaginative Conservative*, 30 abril 2020.

[20] Interesantes propuestas sobre los propósitos y las metodologías de los cursos de *grandes libros* y su inserción en la universidad contemporánea se pueden ver en Cohen de Lara, E. y Drop, H. (eds.). *Back to the Core. Rethinking Core Texts in Liberal Arts and Sciences Education in Europe.* Wilmington: Vernon Press, 2017.

[21] Véanse los diez principios de la docencia de seminarios de *grandes libros* descritos en Sánchez-Ostiz, A. y Torralba, J. M. «Intellectual and ethical education of university students through core texts seminars: The case of the Great Books Program at the University of Navarra». *Church, Communication and Culture* 9(2), 2024, pp. 348-349.

[22] «The Core Curriculum», Columbia Undergraduate Admissions, University of Columbia.

[23] «The Core Curriculum», Academic Catalog, University of Dallas.

señala que en ellos se tratan «las grandes cuestiones de la existencia humana».[24] A pesar de sus diferencias institucionales —una gran universidad de investigación en Nueva York, una pequeña universidad católica inspirada en las artes liberales en Texas, y una universidad privada católica de investigación en España—,[25] todas coinciden en esta justificación común: ofrecer a los estudiantes un espacio para confrontarse con las grandes preguntas a través de los *grandes libros*.

Este propósito general permite comprender por qué los cursos de *grandes libros* se presentan, en relación con los tres ejes de debate señalados previamente, principalmente como instancias de educación liberal. Es a partir de esta comprensión que se puede analizar también su contribución a la formación moral y a la formación cívica: la manera en que estas dimensiones se despliegan en los cursos depende, en última instancia, de cómo se conciba y practique esa educación liberal que los cursos promueven.

En lo que sigue, se explorará más detalladamente cuál es la visión de educación liberal que estos cursos encarnan, y cómo, desde ella, pueden contribuir a la formación moral y a la formación cívica de los estudiantes.

3.2.1. Los cursos de grandes libros *como instancia de educación liberal*

En relación con el primer eje—la tensión entre formación técnica y humanista—, los cursos de *grandes libros* que forman parte de un *core curriculum* se proponen precisamente como la instancia privilegiada de educación humanista o liberal en contextos universitarios que tienden a la especialización.[26] La pregunta que se impone, evidentemente, es qué se entiende aquí por educación humanista, cuáles son sus objetivos y en qué medida puede ser impartida por medio de cursos de *grandes libros* a alumnos que no se especializan en las humanidades. No es de extrañar que encontremos distintas respuestas. Comencemos con la caracterización de José María Torralba en su libro *Una educación liberal: Elogio de los grandes libros*:

> Siguiendo una venerable tradición que va, al menos, de Aristóteles a Newman y que continúa inspirando a universidades de todo el mundo, entenderé por educación liberal un proyecto formativo en el que el conocimiento se valora no solo por su utilidad, sino como un fin en sí mismo, y en el que el objetivo no es solo preparar profesionalmente, sino también educar a la persona entera, incluyendo tanto la dimensión intelectual como la moral.[27]

---

[24] «Programa Grandes Libros – Itinerario Interfacultativo», Instituto Core Curriculum, Universidad de Navarra.

[25] Por «universidad de investigación» me refiero aquí, en sentido estricto, a una universidad de carácter complejo, que no solo imparte docencia, sino que también desarrolla de manera significativa programas de formación en investigación a nivel de posgrado.

[26] Cf. Torralba, J. M. *op. cit.*, p. 19.

[27] *Ibid.*

Como se ve, esta definición destaca dos elementos. Por un lado, una educación humanista valora el conocimiento como un fin en sí mismo y no solo por su utilidad; por el otro, educa a la persona entera (intelecto y voluntad, podríamos decir) y no solo prepara profesionalmente. No se pretende delimitar la educación humanista como algo que excluya la utilidad del conocimiento o la formación profesional, sino que la estrategia es de superación por inclusión: no solo, sino también. Así, una educación humanista no está obligada a presentarse como educación en contenidos o habilidades absolutamente inútiles y ajenos a la profesión, sino como una manera de educar que supera aquellos horizontes, sin abandonarlos absolutamente.

Torralba también identifica tres rasgos esenciales de la educación liberal: perspectiva sapiencial, desarrollo de la capacidad de juzgar y amor por la verdad. La perspectiva sapiencial consiste en transmitir y actualizar la tradición intelectual, de modo que el estudiante adquiera una visión de conjunto que le permita distinguir y jerarquizar los elementos de la realidad. Torralba subraya que este cultivo no depende solo de los cursos del *core curriculum*, sino de la integración reflexiva de todo el plan de estudios. Se trata de hacer explícitos los presupuestos de cada saber y su pertenencia a una tradición sobre la base de la capacidad de la razón para conocer la realidad y ordenar la vida social.[28]

El desarrollo de la capacidad de juzgar, por su parte, implica la adquisición de un hábito filosófico, en línea con la *phrónesis* aristotélica o la *Urteilskraft* kantiana, que permite captar lo universal en lo particular. Este hábito no se enseña directamente, sino que se ejercita, sobre todo mediante el ejemplo del maestro y la lectura reflexiva de textos clásicos.[29]

Finalmente, la educación liberal es, ante todo, una educación para la verdad. Frente al relativismo y la cultura de la cancelación, su fin es formar estudiantes que piensen por sí mismos con rigor, busquen la verdad con humildad intelectual y se abran al diálogo.[30]

Un enfoque medianamente distinto, aunque potencialmente compatible, sobre la educación liberal es presentado por Roosevelt Montás en su libro *Rescuing Socrates: How the Great Books Changed My Life and Why They Matter for a New Generation.* Montás defiende que la autocomprensión (*self-understanding*) es el fin último de la educación liberal[31] y que el principal valor de dicha educación reside «en dirigir la mirada de los estudiantes hacia su interior, en una exploración de su propia humanidad

[28] Cf. *Ibid.*, pp. 68-70.

[29] Cf. *Ibid.*, pp. 71-76.

[30] Cf. *Ibid.*, pp. 77-82.

[31] Cf. Montás, R., *op. cit.*, p. 7.

provocada por obras que han demostrado su capacidad de suscitar precisamente ese tipo de autorreflexión».[32]

El elemento de la autocomprensión, enfatizado por Montás, no resulta en absoluto incompatible con el enfoque de Torralba. De hecho, Montás escribió el prólogo del libro de Torralba en un tono sumamente elogioso, y una consideración detenida de ambos autores permite advertir una notable afinidad entre sus posturas. Al presentarlos juntos, busco ofrecer una visión ampliada de lo que la educación liberal representa para algunos de los defensores de los cursos de *grandes libros* y, en consecuencia, de lo que cabría esperar de tales cursos. En relación con la justificación habitual de los cursos de *grandes libros* mencionada más arriba, me parece que este recorrido por las ideas de ambos autores permite extraer algunos corolarios sobre lo que implica la confrontación con las grandes cuestiones en el marco de estos cursos. Los *grandes libros* no sirven meramente como vehículo para introducir esas cuestiones como temas de estudio, sino que se procura llevar tal confrontación a un plano existencial y personal: se invita al estudiante a considerar qué le dicen esas cuestiones a él, directamente. De este modo, el autoconocimiento se convierte en un propósito esencial de estos cursos. Asimismo, en consonancia con el cultivo de una perspectiva sapiencial, los *grandes libros* se inscriben en una narrativa más amplia sobre la aventura intelectual de la humanidad: los cursos de *grandes libros* constituyen, así, una ocasión propicia para continuar, en el ámbito universitario, con aquel imperativo del templo de Apolo en Delfos —conócete a ti mismo—; imperativo cuya realización no se reduce a la mera introspección sobre la naturaleza humana, sino que conlleva también un conocimiento del orden del mundo, pues conocerse a sí mismo es conocer, al mismo tiempo, el lugar que ocupa el ser humano en el conjunto de la realidad.

Naturalmente, este ejercicio humanista de autoconocimiento es ante todo un ejercicio contemplativo, no utilitario, en el sentido de que no cabe esperar de él una vinculación directa e inmediata con la realización de actividades productivas. Idealmente, por tanto, estos cursos se desarrollan en una actitud contemplativa: se participa en ellos porque constituyen, en sí mismos, un ejercicio valioso, más allá de cualquier motivación primaria orientada a la aplicación del conocimiento con vistas a un objetivo concreto en el ámbito laboral.

En suma, lo que esta revisión permite delinear es la comprensión de educación humanista que inspira hoy a los cursos de *grandes libros*, en tanto instancia ejemplar dentro del contexto universitario contemporáneo. Se espera de estos cursos que ofrezcan un espacio de formación intelectual no subordinada de manera inmediata a fines utilitarios, orientada al cultivo de la autocomprensión y de una perspectiva sapiencial que permita situar al ser humano en el conjunto de la realidad. Al promover en los estudiantes una confrontación personal con las grandes cuestiones de la tradición inte-

---

[32] *Ibid.*, p. 19.

lectual, estos cursos encarnan un ideal de educación que converge con los tres rasgos esenciales señalados por Torralba: el desarrollo de una perspectiva sapiencial, el ejercicio de la capacidad de juzgar y el cultivo de un interés genuino por la verdad. En este marco, se espera que contribuyan a formar disposiciones intelectuales y personales fundamentales para una educación humanista: el gusto por la reflexión, el juicio ponderado y la apertura a la complejidad de la experiencia.

Ahora bien, conviene subrayar que la caracterización aquí expuesta no agota el horizonte de la educación liberal. Como sostienen tanto Torralba como Montás, esta educación busca incidir en la formación integral de la persona, más allá del mero desarrollo intelectual, lo que conduce al segundo eje de debate.

3.2.2. La contribución de los cursos de grandes libros *a la formación moral*

En relación con la tensión entre instrucción intelectual y formación moral, los cursos de *grandes libros* han sido presentados por algunos de sus defensores como instancias capaces de suscitar una transformación en la vida del estudiante.[33] Puesto que se trata de instancias de educación humanista, estos cursos cultivan tanto las virtudes intelectuales como las morales.[34] Sin embargo, existen diferencias en las maneras en que pueden contribuir efectivamente al cultivo de las virtudes.

Al decir de John Henry Newman: «la educación liberal, considerada en sí misma, consiste simplemente en el cultivo del intelecto».[35] Aplicado a un curso de *grandes libros*, esto significa que la actividad que se lleva a cabo en el aula es, ante todo, un ejercicio intelectual riguroso, en el que profesores y estudiantes aplican su inteligencia a la consideración de los textos. El núcleo del trabajo que se realiza es de naturaleza intelectual.

Ahora bien, precisamente por la profundidad y radicalidad de las cuestiones que se examinan en estos cursos, es inevitable que, al menos de modo derivado —aunque no por ello accidental—, las discusiones interpelen personalmente a los estudiantes. En otras palabras, la misma dinámica de los cursos tiende a conducir a los estudiantes a cuestionar su propio obrar y sus convicciones más fundamentales. No se trata, por tanto, simplemente de adquirir información o de desarrollar destrezas intelectuales, sino de abrirse a un desplazamiento afectivo e intelectual que puede tener un impacto en la orientación de la vida.

---

33 Como ha mostrado Ángel Pascual, Robert Hutchins adoptó una actitud de cautela ante una identificación demasiado apresurada entre cursos de *grandes libros* y formación moral. Cf. Pascual, A., «Grandes Libros, Educación Superior y Formación del Carácter: A propósito de Robert M. Hutchins.» En Ibáñez-Martín, J. A. y Naval Durán, C. (eds.). *Retos Actuales de la Acción Educativa: Carácter y Personalidad*. Madrid: Narcea, 2022, pp. 133-141.

34 Para un resumen del vínculo entre virtudes intelectuales y morales en la historia de la educación liberal, véase Torralba, J. M., *op. cit.*, pp. 109-117.

35 Newman, J. H., *The Idea of a University*. Notre Dame: University of Notre Dame Press, 1982, p. 92.

Como sostiene Montás, este es precisamente uno de los elementos esenciales de la educación liberal:

> Una reorientación de los afectos y de la inteligencia hacia bienes que no son materiales, y que constituyen la concepción más elevada de la virtud humana, sigue siendo el núcleo de la educación liberal. Mantener presente esta noción elevada, junto con la investigación continua acerca de qué es y cómo alcanzarla, constituye el modo de vida propio de la educación liberal.[36]

Así, la confrontación con las grandes preguntas que se produce en estos cursos es inseparable de una interrogación moral sobre los propios fines, elecciones y convicciones. Esto no significa, por supuesto, que todos los estudiantes que participan en un curso de *grandes libros* vayan necesariamente a cambiar su conducta o a transformarse moralmente. Sin embargo, en cuanto instancia privilegiada de educación humanista en el contexto universitario contemporáneo, estos cursos juegan un papel crucial en crear condiciones apropiadas para el crecimiento ético.[37] Como afirman Sánchez-Ostiz y Torralba, «estos cursos contribuyen a transformar la universidad en una comunidad de diálogo intelectual, en la que se aprende, además de en las clases, a partir de los ejemplos y de la relación entre profesores y estudiantes».[38] En definitiva, los cursos de *grandes libros* impactan en la formación moral de modo indirecto: ni inculcando explícitamente determinadas normas ni forzando determinadas prácticas, sino preparando el terreno para que procesos genuinos de reflexión ética y de maduración moral puedan tener lugar.

3.2.3. La contribución de los cursos de grandes libros *a la formación cívica*

En relación con el tercer eje de debate —la tensión entre educación individual y educación cívica—, resulta evidente que, en la medida en que los cursos de *grandes libros* buscan formar sujetos capaces de pensar por sí mismos, de articular argumentos, de escuchar posturas diversas y de deliberar sobre lo justo y lo bueno, su alcance no se limita al ámbito de la vida personal, sino que se proyecta también hacia la vida pública.

En este sentido, es posible distinguir dos formas complementarias en las que estos cursos actúan como instancias de educación cívica. Por un lado, de manera directa en sede intelectual, en cuanto muchas de las cuestiones fundamentales que se abordan a

---

[36] Montás, R., *op. cit.*, p. 65. Considérense también las siguientes líneas: «Una educación liberal es aquella que se toma en serio las complejas condiciones de la libertad humana y se enfrenta a sus dilemas y a la urgencia de su experiencia vivida» (*Ibid.*, p. 96).

[37] Cf. Torralba, J. M., *op. cit.*, pp. 116-117.

[38] Sánchez-Ostiz, A. y Torralba, J. M., *op. cit.*, p. 353.

partir de los *grandes libros* guardan una clara dimensión social. En este plano, los cursos confrontan a los estudiantes con contenidos de relevancia cívica: visiones de filosofía política, textos que encarnan distintos ideales de organización social, biografías y narraciones que exploran la tensión entre individuo y comunidad, entre libertad y ley, entre tradición e innovación. Estos materiales invitan a reflexionar sobre las condiciones y los fines de la vida en común.

Por otro lado, de manera más indirecta, los cursos de *grandes libros* desempeñan un papel cívico en tanto constituyen espacios prácticos de debate y deliberación sobre ideas con implicaciones sociales. Si, como afirma Roosevelt Montás, el objeto primario de la educación liberal es la reflexión sobre el bien humano —sobre cuál sea «el tipo de vida que más vale la pena vivir»—,[39] entonces es claro que estos cursos, en cuanto instancia privilegiada de educación humanista en la universidad contemporánea, ofrecen un marco propicio para confrontar y discutir diversas concepciones sobre el bien político y la vida en sociedad.

Además, presentan una ventaja particular como espacio de formación cívica: al centrarse en la discusión de ideas plasmadas en textos —con frecuencia antiguos o procedentes de tradiciones culturales diversas—, los cursos de *grandes libros* favorecen un examen distanciado y reflexivo de visiones sociales y políticas. Este enfoque permite que los estudiantes consideren críticamente diferentes concepciones de la vida social en un contexto menos condicionado por las pasiones y polarizaciones de los debates contingentes. En otras palabras, estos cursos ofrecen un espacio que propicia la reflexión serena y el diálogo razonado, condiciones esenciales para la formación de ciudadanos capaces de participar de manera lúcida y responsable en la vida pública.

En suma, el modo en que los cursos de *grandes libros* se sitúan en relación con los tres ejes de debate analizados depende, en última instancia, de la concepción de educación liberal que los anima. Es precisamente porque estos cursos encarnan una visión exigente y radical de la vida intelectual —en la que el conocimiento se busca como un fin en sí mismo y en la que la reflexión sobre las grandes cuestiones se orienta hacia la comprensión del propio lugar en el mundo— que su impacto no se limita al plano puramente intelectual.

La educación liberal que estos cursos proponen, aunque sea un ejercicio genuinamente intelectual y contemplativo, es por su propia naturaleza una actividad que trasciende la esfera del mero saber: interpela a la persona en su integridad, moviliza la dimensión moral y abre necesariamente a la dimensión cívica.[40] En este sentido, la

---

[39] Montás, R., *op. cit.*, p. 190.

[40] Lo mismo puede decirse de la actividad universitaria en su conjunto. Como indica Helen Keefe, no es que las universidades no tengan un propósito moral, sino que «el objetivo intelectual es su propósito moral, así como, para las empresas, añadir valor al mundo mediante intercambios cooperativos constituye su propósito moral fundamental en una sociedad justa y humana [...]. En efecto, es fácil ver que el objetivo intelectual de una universidad tiene una dimensión moral porque la búsqueda de la verdad debe hacerse con sinceridad». Cf. Keefe, H., «The business of Catholic universities: The renewal strategy». *Church, Communication and Culture* 9(2), 2024, p. 298.

formación moral y cívica que estos cursos pueden ofrecer no constituye un añadido externo, sino una consecuencia natural del tipo de educación liberal que cultivan.

Ahora bien, esta observación invita a ir un paso más allá. Si el impacto formativo de los cursos de *grandes libros* está íntimamente ligado a la visión de educación liberal que encarnan, entonces es pertinente preguntarse cómo podría articularse una concepción aún más robusta y coherente de esa educación liberal, que permita a estos cursos desplegar de manera más plena su potencial formativo en el contexto universitario contemporáneo. En lo que sigue, propondré algunas reflexiones en esta dirección, inspiradas en la tradición humanista del Renacimiento —en particular, en figuras como Tomás Moro y Erasmo de Rotterdam—, que pueden ofrecer claves valiosas para afinar y enriquecer el modelo de los cursos de *grandes libros*.

4. Hacia un modelo humanista-renacentista de los cursos de *grandes libros*: la centralidad de las artes del lenguaje

Como se ha argumentado, el modo en que los cursos de *grandes libros* se sitúan en relación con los tres grandes ejes de debate contemporáneo depende, en última instancia, de la visión de educación liberal que encarnan. Si se desea fortalecer dicha visión, y con ella el impacto intelectual, moral y cívico de estos cursos, creo que resulta pertinente volver la mirada a la tradición humanista-renacentista y su concepción de las artes liberales.[41]

En este sentido, y por traer a colación solo un ejemplo, el pensamiento y la figura de Tomás Moro ofrecen claves particularmente valiosas. Moro representa una comprensión robusta de la educación liberal, que articula de manera orgánica la formación intelectual, moral y cívica.[42] En su vida y en sus escritos se advierte con claridad que la educación humanista no es solo un cultivo del saber por el saber, sino un proceso integral de formación de la persona para la vida en comunidad.[43] Más aún: en la tradición humanista que Moro encarna, este ideal educativo se articula en torno a un elemento que hoy a menudo queda desdibujado en los cursos de *grandes libros*, pero que debería recuperar centralidad: la formación en las artes del lenguaje, es decir, en el *trivium* (gramática, lógica y retórica).

Lejos de ser un mero adorno técnico, el *trivium* era considerado por los humanistas

---

[41] Un excelente y erudito recorrido sobre la educación humanista y las artes liberales, en base a numerosas fuentes desde la antigüedad hasta nuestros días, puede verse en Kimball, B. A. *The Liberal Arts Tradition: A Documentary History*. Maryland: University Press of America, 2010.

[42] Un excelente estudio de la comprensión moreana de las artes liberales se encuentra en Wegemer, G. *Young Thomas More and the Arts of Liberty*. Cambridge: Cambridge University Press, 2011.

[43] Para una caracterización precisa del vínculo entre la formación en artes liberales y la educación cívica, con excelentes explicaciones sobre su continuidad con la tradición de las artes liberales de raíz ciceroniana, véase Wegemer, G. *Thomas More on Statesmanship*. Washington: Catholic University of America Press, 1998.

como el fundamento de la educación liberal.[44] No se trataba simplemente de enseñar a escribir y hablar correctamente, sino de formar la capacidad de pensar con claridad, razonar con rigor, y comunicar con verdad y prudencia.[45] Como recuerda una tradición originada en la Grecia antigua y sistematizada por Cicerón —y que fue profundamente asimilada por los humanistas cristianos del Renacimiento—, el ideal no era el mero orador técnico, sino el *vir bonus dicendi peritus*: un hombre bueno, perito en el arte de decir.[46]

Esta concepción tiene profundas implicaciones para el diseño y los objetivos de los cursos de *grandes libros*. Si estos cursos han de ser fieles a la tradición humanista de las artes liberales, no deberían concebirse solo como espacios de autoconocimiento contemplativo, sino también como escuelas de la palabra virtuosa: lugares donde los estudiantes aprenden a leer con discernimiento, pensar con lucidez, argumentar con verdad y expresarse persuasiva y eficazmente en todo ámbito.

El propio Moro fue muy consciente de este aspecto. Como se advierte, por ejemplo, en sus polémicas con William Tyndale, Moro entendía el dominio del lenguaje como inseparable de la responsabilidad ética con que debe usarse.[47] En este sentido, la formación retórica es también una formación del carácter. El lenguaje no es neutral: puede servir tanto al engaño como a la verdad, tanto a la demagogia como al bien común. De ahí que la educación humanista, para ser completa, debe enseñar no solo a leer y reflexionar, sino a hablar y escribir bien y justamente.

Este enfoque tiene también consecuencias decisivas para la dimensión cívica de los cursos de *grandes libros*. Una educación liberal que se limite al cultivo interior del autoconocimiento corre el riesgo de volverse autorreferencial. Por el contrario, una educación liberal que incorpore de manera explícita la formación en las artes de la palabra prepara a los estudiantes para participar de modo virtuoso y responsable en la vida social y en la esfera pública. No basta con pensar bien: hay que saber hablar de la propia interioridad y comunicar bien las propias convicciones en el plano intersubjetivo, contribuyendo así a la construcción de vínculos más humanos y de una comunidad política más justa.

Por todo ello, es posible afirmar que una manera concreta de afinar y enriquecer el modelo de los cursos de *grandes libros* consiste en recuperar conscientemente este com-

---

[44] Una obra ya clásica de referencia sobre el *trivium* es Joseph, S. M. *The Trivium: The Liberal Arts of Logic, Grammar, and Rhetoric.* Filadelfia: Paul Dry Books, 2002.

[45] Una sucinta exposición de la centralidad de las artes del lenguaje en la educación clásica puede verse en Ellis, E. «What Is a Classical Education?» *The Imaginative Conservative*, 24 julio 2023.

[46] La formulación se encuentra en Quintiliano, quien la atribuye a Catón el Viejo. Cf. Quintiliano, *Institutio Oratoria*, XII, 1, 1.

[47] La crítica lingüística (con implicancias éticas) que Moro dirige a la traducción del Nuevo Testamento realizada por Tyndale puede verse en los capítulos 8 al 14 del *Dialogue of Sir Thomas More, Knight.* Cf. Wegemer G. y Smith, S. (eds.). *The Essential Works of Thomas More.* New Haven y Londres: Yale University Press, 2020, pp. 655-672.

ponente central de la tradición humanista. Los cursos deberían ser concebidos, programados y evaluados no solo como espacios de reflexión existencial, sino también como espacios de formación activa en las artes del lenguaje, que incluyan una sólida instrucción y ejercitación, en la medida de lo posible, en recursos estilísticos y géneros literarios. Es cierto que, como mencioné anteriormente, el trabajo de los estudiantes en estos cursos suele evaluarse por medio de ensayos argumentativos; con todo, la formación en las artes del lenguaje apunta a un horizonte de prácticas lingüísticas más amplias que ese ejercicio valioso, pero acotado.[48]

Este enfoque permitiría realizar de manera más plena la promesa formativa de los cursos de *grandes libros*: ofrecer una educación liberal que sea a la vez intelectual, moral y cívica, fiel al espíritu de la tradición humanista-renacentista, y adecuada a las necesidades del mundo universitario contemporáneo.

5. Conclusión

El debate contemporáneo sobre la educación universitaria está atravesado por tensiones profundas en torno a la relación entre educación técnica y humanista, entre instrucción intelectual y formación moral, y entre educación individual y educación cívica. En este contexto, los cursos de *grandes libros* han surgido en muchas universidades como una modalidad privilegiada de educación liberal, capaz de ofrecer una respuesta integrada a estas tensiones.

Como hemos visto, estos cursos encarnan una concepción de la educación que, aunque centrada en el cultivo genuino de la vida intelectual, toca necesariamente las dimensiones moral y cívica de la formación. Sin embargo, para que puedan realizar plenamente este potencial formativo, me parece que es necesario robustecer la visión de educación humanista que los sustenta. La tradición humanista-renacentista ofrece en este sentido una orientación valiosa: recuperar la centralidad de las artes del lenguaje como componente esencial de la educación liberal.

Concebidos como escuelas de la palabra virtuosa —no solo de autoconocimiento, sino de formación activa en el pensar, juzgar y decir bien—, los cursos de *grandes libros* pueden contribuir de manera decisiva a la formación de ciudadanos capaces de participar con responsabilidad y sabiduría en la vida pública. En este sentido, representan una vía prometedora para renovar el sentido y la utilidad de la educación liberal en la universidad del siglo XXI.

---

[48] Una propuesta detallada y específica sobre posibles maneras de actualizar las artes del lenguaje en los cursos de *grandes libros* sobrepasa las posibilidades de este ensayo y queda como tarea para futuras publicaciones. Con todo, un valiosísimo recurso para comenzar a explorar posibilidades se encuentra en NEWSTOK, S. *How to Think Like Shakespeare: Lessons from a Renaissance Education*. Princeton y Oxford: Princeton University Press, 2020.

Referencias bibliográficas

ANDERS, George, *You Can Do Anything: The Surprising Power of a "Useless" Liberal Arts Education*. Nueva York: Back Bay Books, 2019.

ALLEN, Danielle, «The Future of Democracy. How Humanities Education Supports Civic Participation». *Humanities* 37(2), 2016.

AURELL, Jaume, «The origins of the university: Questions of identity and historical continuity». *Church, Communication and Culture* 9(2), 2024, pp. 137-150.

BOK, Derek, *Higher Expectations. Can Colleges Teach Students What They Need to Know in the 21st Century?* Princeton y Oxford: Princeton University Press, 2020.

BILBRO, Jeffrey, WILSON, Jessica Hooten y HENRECKSON, David (eds.), *The Liberating Arts: Why We Need Liberal Arts Education*. Walden: Plough Publishing House, 2023.

BROOKS, Edward, LAMB, Michael y BRANT, Jonathan (eds.), *Cultivating Virtue in the University*. Nueva York: Oxford University Press, 2022.

CARR, David, «Where's the Educational Virtue in Flourishing?». *Educational Theory* 71(3), 2021, pp. 389-407.

COHEN DE LARA, Emma y DROP, Hanke (eds.), *Back to the Core. Rethinking Core Texts in Liberal Arts and Sciences Education in Europe*. Wilmington: Vernon Press, 2017.

Dædalus, Journal of the American Academy of Arts & Sciences (Cambridge) 153(2), 2024.

«The Core Curriculum», Columbia Undergraduate Admissions, University of Columbia.

«The Core Curriculum», Academic Catalog, University of Dallas.

ELIOT, Thomas Stearns, «Notes Towards the Definition of Culture». En *Christianity & Culture*. San Diego, Nueva York y Londres: Harvest, 1967, pp. 158-186.

ELLIS, Erik, «Are the Great Books Enough to Revive Our Education System?». *The Imaginative Conservative*, 30 de abril de 2020.

ELLIS, Erik, «What Is a Classical Education?». *The Imaginative Conservative*, 24 de julio de 2023.

FISCHMAN, Wendy y GARDNER, Howard, *The Real World of College: What Higher Education Is and What It Can Be*. Londres y Cambridge: MIT Press, 2022.

GRAY, Hanna Holborn, *Searching for Utopia: Universities and Their Histories*. Berkeley, Los Angeles y Londres: University of California Press, 2012.

JOSEPH, Sister Miriam, *The Trivium: The Liberal Arts of Logic, Grammar, and Rhetoric*. Philadelphia: Paul Dry Books, 2002.

JUBILEE CENTRE FOR CHARACTER AND VIRTUES & OXFORD CHARACTER PROJECT, «Character Education in Universities. A Framework for Flourishing».

KEEFE, Helen, «The business of Catholic universities: The renewal strategy». *Church, Communication and Culture* 9(2), 2024, pp. 295-311.

KIMBALL, Bruce A., *The Liberal Arts Tradition: A Documentary History*. Maryland: University Press of America, 2010.

KISS, Elizabeth y EUBEN, J. Peter (eds.), *Debating Moral Education. Rethinking the Role of the Modern University*. Durham: Duke University Press, 2010.

KRISTJÁNSSON, Kristján, *Flourishing as the Aim of Education: A Neo-Aristotelian View*. Abingdon: Routledge, 2020.

LACY, Tim, *The Dream of a Democratic Culture: Mortimer J. Adler and the Great Books Idea*. Londres: Palgrave Macmillan, 2013.

MARBER, Peter y ARAYA, Daniel (eds.), *The Evolution of Liberal Arts in the Global Age*. Londres: Routledge, 2017.

MCCLAY, Wilfred, «Identity, Patriotism, and Education». *Law & Liberty*, 7 de septiembre de 2021.

McClay, Wilfred, «The Case for the Liberal Arts: Stronger Than Ever?». *The Imaginative Conservative*, 5 de mayo de 2021.

Menand, Louis, Ritter, Paul y Wellmon, Chad (eds.), *The Rise of the Research University: A Sourcebook*. Chicago y Londres: The University of Chicago Press, 2017.

Montás, Roosevelt, *Rescuing Socrates: How the Great Books Changed My Life and Why They Matter for a New Generation*. Princeton y Oxford: Princeton University Press, 2021.

Naval, Concepción, Villacís, Jorge L. y Ibarrola-García, Sara, «The Transversality of Civic Learning as the Basis for Development in the University». *Education Sciences* 12(240), 2022, pp. 1-16.

Newman, John Henry, *The Idea of a University*. Notre Dame: University of Notre Dame Press, 1982.

Nussbaum, Martha C., *Cultivating Humanity. A Classical Defense of Reform in Liberal Education*. Cambridge: Harvard University Press, 1997.

Nussbaum, Martha C., *Not for Profit: Why Democracy Needs the Humanities*. Princeton y Oxford: Princeton University Press, 2010.

Pascual, Ángel, «Grandes Libros, Educación Superior y Formación del Carácter: A propósito de Robert M. Hutchins». En J.A. Ibáñez-Martín y C. Naval Durán (eds.), *Retos Actuales de la Acción Educativa: Carácter y Personalidad*. Madrid: Narcea, 2022, pp. 133-141.

«Programa Grandes Libros – Itinerario Interfacultativo», Instituto Core Curriculum, Universidad de Navarra.

Pujol, Jordi y La Porte, José María, «Why universities? Key socio-cultural players in the twenty-first century». *Church, Communication and Culture* 9(2), 2024, pp. 131-136.

Quintiliano, *Institutio Oratoria*.

Ritter, Paul y Wellmon, Chad, *Permanent Crisis: The Humanities in a Disenchanted Age*. Chicago y Londres: The University of Chicago Press, 2021.

Sánchez-Ostiz, Álvaro y Torralba, José María, «Intellectual and ethical education of university students through core texts seminars: The case of the Great Books Program at the University of Navarra». *Church, Communication and Culture* 9(2), 2024, pp. 345-360.

Scott, Newstok, *How to Think Like Shakespeare: Lessons from a Renaissance Education*. Princeton y Oxford: Princeton University Press, 2020.

Torralba, José María, *Una educación liberal: Elogio de los grandes libros*. Madrid: Encuentro, 2022.

Wegemer, Gerard, *Thomas More on Statesmanship*. Washington: Catholic University of America Press, 1998.

Wegemer, Gerard, *Young Thomas More and the Arts of Liberty*. Cambridge: Cambridge University Press, 2011.

Wegemer, Gerard y Smith, Stephen (eds.), *The Essential Works of Thomas More*. New Haven y Londres: Yale University Press, 2020.

Zakaria, Fareed, *In Defense of a Liberal Education*. Nueva York: W.W. Norton & Company, 2016.

Clemente COX CRUZAT

GRAN CONVERSA I LECTURA SINTÒPICA DE GRANS LLIBRES. EL SEGELL PLATÒNIC D'UNA EDUCACIÓ LIBERAL EN EL JOVE MORTIMER ADLER

Àngel PASCUAL MARTÍN

Universitat de Barcelona

apascual@ub.edu

Núm. ORCID: 0000-0002-9685-8348

DOI: 10.60940/comprendrev27n2id9900206

Article rebut: 01/06/2025

Article aprovat: 17/09/2025

Resum

La col·lecció *Great Books of the Western World* (1952), culminació dels moviments per l'educació liberal contemporània als Estats Units, adopta com a aspecte distintiu de la tradició d'Occident la Gran Conversa mantinguda pels mestres de mestres de les arts i el pensament, i en projecta la restitució a partir d'un programa que en darrera instància demana al lector d'assistir activament i actualitzar el continuat diàleg mitjançant una lectura sintòpica dels grans llibres. L'aplicació d'ambdues nocions en aquest ideal d'educació s'atribueix aquí en exclusiva a Mortimer Adler i s'explica, atenent a les seves memòries i escrits de joventut —especialment *Dialectic* (1927)—, per una concepció inicial de la filosofia de signe platònic, obrada per una interpretació renovada dels Diàlegs.

Paraules clau: Mortimer Adler, Gran Conversa, lectura sintòpica, Dialèctica, Plató

Great Conversation and syntopical reading of Great Books. The platonic hallmark of a liberal education in young Mortimer Adler

Abstract:

The *Great Books of the Western World* set (1952), an accomplishment of liberal education movements in contemporary America, assumes as a distinctive aspect of Western tradition the Great Conversation held by the masters of masters in the arts and thought. The collection projects its restoration providing with a program that demands the reader to engage in and refresh the ongoing dialogue through a syntopical reading of the great books. The application of both notions to this educational ideal is here attributed to Mortimer Adler exclusively, which is explained, according to memoirs and first writings—especially *Dialectic* (1927)— by his early Platonic conception of philosophy, brought about by a renewed interpretation of the Dialogues.

Key words: Mortimer Adler, Great Conversation, Syntopical Reading, Dialectic, Plato.

---

1. La Gran Conversa i el *syntopicon* dels *grans llibres*

L'onze de setembre de 1952 a l'hotel Waldorf-Astoria de Nova York es dona el tret de sortida al llançament per al públic nord-americà de la col·lecció d'Encyclopaedia Britannica *Great Books of the Western World*, una sèrie de cinquanta-quatre volums integrada en la pràctica totalitat per clàssics de la literatura i del pensament occidental. La monumental col·lecció, convertida amb el temps en un producte editorial d'èxit extraordinari —alhora que censurat per males praxis comercials—, esdevindria en el moment una de les fites culminants dels moviments que des de finals de la Primera Guerra Mundial haurien dut els Estats Units a un *revival* de l'educació liberal.[1] Davant del progressiu desterrament escolar tan de la tradició humanística com de l'exercici en les arts del pensament, i sota la convicció que la millor via i instrument per fer-se amb el domini de les esmentades arts i de les idees indispensables per la comprensió del mon contemporani i l'exercici d'una ciutadania lliure i democràtica es donaria per la via de la concurrència intel·lectual amb les grans obres escrites de la humanitat, en el període d'entreguerres es desenvolupen, al voltant d'algunes universitats nord-americanes, una sèrie de plans d'estudi centrats en la lectura i discussió d'aquestes peces.[2] A partir de les experiències de sistematització curricular dels anys vint i trenta a Colúmbia, Chicago i al St. John's College, però sobre la base també de l'expansió popular dels anys quaranta de grups de lectura i discussió de clàssics arreu de les biblioteques públiques del país per mitjà de de la Great Books Foundation, i amb antecedents editorials anàlegs com la cèlebre col·lecció *Harvard Classics* (1909), *Great Books of the Western World* —amb una sèrie formada per quatre-centes quaranta-tres obres de setanta-tres autors de tots els temps traduïdes a l'anglès—, es proposava fer accessibles al públic estatunidenc els

---

[1] Cf. Beam, A. *A Great Idea at the Time: the Rise, Fall, and Curious Afterlife of the Great Books.* Nova York: Public Affairs, 2008; Lacy, T. *The Dream of a Democratic Culture: Mortimer J. Adler and the Great Books Idea*. Londres: Palgrave Macmillan, 2013.

[2] Cf. Haarlow, W. N. *Great Books, Honors programs, and Hidden Origins: the Virginia Plan and the University of Virginia in the Liberal Arts Movement.* Londres: Routledge Falmer, 2003; Torralba, J. M. *Una educación liberal. Elogio de los grandes libros.* Madrid, Encuentro, 2022; Beam, A. *A Great Idea at the Time, op. cit.*

mitjans materials necessaris per tal que qualsevol ciutadà, a través d'un programa de lectura coherent i amb la dedicació suficient, pogués guanyar-se una educació liberal.

Tal com revela el títol del volum introductori, *The Great Conversation. A Substance of a Liberal Education*,[3] signat —no sense sospita—per l'editor en cap i aleshores encara rector de la Universitat de Chicago, Robert Maynard Hutchins,[4] la col·lecció, com a recurs al servei d'una educació liberal, es proposa a si mateixa com una Gran Conversa. Els editors veuen en l'examen constant i la inesgotable discussió d'idees la forma pròpia en què s'ha donat la tradició d'Occident, alhora que hi reconeixen l'ideal a què aquest aspiraria com a civilització. A l'hora, doncs, de tornar a considerar la tradició i de tractar de fer-la present per a l'educació en els nostres temps, la col·lecció es configura i, en darrera instància, en projecta l'ús en aquests termes. Per una banda, seleccionant, recollint i fent accessibles aquelles obres que fins al present han contribuït de manera decisiva i des de perspectives diferents a tal conversa —el que volen ser els grans llibres. Per una altra, presentant-les sota una forma que permet resseguir el desenvolupament i la seqüència vital en què tals contribucions s'haurien anat produïnt, essent com han estat cadascuna d'elles, almenys en part, motivades per i posades en diàleg amb algunes de les anteriors. Es tracta, doncs, de fornir amb els materials que testimonien els intercanvis derivats dels heterogenis esforços passats de clarificació i comprensió dels assumptes i problemes cabdals de l'espècie. Però es tracta també de presentar-los de tal manera que permeti fer justícia al caràcter dialogal de la tradició, i que més enllà de la simple presència i contemplació del seu passat conversacional, exigeix al lector mateix d'assistir la conversa, de prendre-hi part i d'actualitzar-la, de tal manera que li permeti no només d'enfrontar-se amb major claredat als problemes propis del present, sinó també de prosseguir en la inacabable recerca de les qüestions que des de temps immemorials haurien mogut els seus iguals.[5] A efectes pedagògics, això implica que, sota la forma de la Gran Conversa, *Great Books of the Western World*, a més d'invitar-nos a tractar de comprendre una o més obres per si soles —sense introduccions ni aparell crític—, a més d'emplaçar-nos a haver de fer-nos amb els hàbits intel·lectuals i d'exercitar i perfeccionar les arts del llenguatge i del nombre indispensables per tractar les idees sobre les que versen, apunti en darrera instància a posar en diàleg i sospesar les idees d'unes i altres veus al voltant de les qüestions més importants, i a guanyar així una visió integrada de la tradi-

[3] Hutchins, R. M. *Great Books of the Western World. The Great Conversation. The Substance of a Liberal Education.* Londres: Encyclopaedia Britannica, 1952.

[4] «His contributions to the enterprise were sporadic and incidental, Adler standing in for him at every point. As it was actually published, the fifty-four-volume set included a slim volume 1, entitled *The Great Conversation*, an introductory essay by Robert Maynard Hutchins. It included no end of cut-and-paste-up passages from Hutchins' earlier writings, but it was obviously the work of a much more prosaic hand than his, perhaps the only occasion in his prolific career in which his name was signed to another's work. He had no time» (Mayer, M. *Robert Maynard Hutchins: a memoir.* Berkeley i Los Angeles: University of California Press, 1993, p. 307).

[5] Cf. *Ibid.*, pp. xi-xxvii, 1-2.

ció intel·lectual tocant a aquestes, com el moment culminant de l'educació de la qual un pot dotar-se a partir de la lectura i discussió dels grans llibres.

L'ideal que s'anuncia al primer volum de la col·lecció i en els volums segon i tercer, de més de mil tres-centes pàgines cadascun i titulats *The Great Ideas: A Syntopicon of the Great Books of the Western World*, el trobem materialitzat en una mena d'índex temàtic —literalment, una «col·lecció de tòpics».[6] Els dos toms, l'edició faraònica i milionària dels quals recaigué sota la direcció personal de Mortimer Adler, queden organitzats al voltant de cent dues idees que van d'«Angel» fins a «World». Cada una ve introduïda per un assaig —volgudament no dogmàtic, sinó dialèctic—, seguit d'una llarga sèrie de qüestions en què es concretaria el desplegament dels aspectes temàtics de la idea, un generós llistat de referències als passatges dels grans llibres que tracten aquestes qüestions —sense indicacions sobre com s'haurien de llegir, quin significat donar-los o a quines donar més importància—, referències creuades amb altres idees, a més d'altra bibliografia clàssica d'interès no inclosa en la col·lecció. Es presenta així com a llibre de consulta al qual el lector es pot adreçar per trobar els passatges més rellevants en diferents autors de la tradició d'un gran nombre de temes d'interès. Serveix, per tant, de possible punt de partida a l'hora d'iniciar una lectura simultània o en paral·lel de dues o més obres que tractin de les mateixes qüestions.

> The *Syntopicon* helps the reader to begin reading *in* the great books on any subject or subjects in which he is interested, and to follow one idea or one theme through the books from beginning to end. Such syntopical reading *in* the set as a whole, for its varied discourse on a particular theme, supplements the gradual reading of the books taken as individual wholes. Valuable in itself, syntopical reading should bring the reader to an acquaintance with the whole set and thus prepare him to select the particular books he will wish to start reading as wholes.[7]

El *Syntopicon* vol ser, doncs, una recapitulació preliminar de les qüestions que han mogut la discussió de les grans veus fins a arribar a l'estat actual del debat, intentant de capturar la història, en essència conversacional, de les grans idees. Es presenta, en paraules dels editors, com l'instrument intel·lectual que intentaria articular la Gran Conversa a partir del registre de les qüestions comunes, de les recepcions i els oblits i dels acords i els desacords, que es donen com a resultat de l'examen i la discussió singulars en cadascun dels grans llibres.[8] És el que permet, en definitiva, que una col·lecció com aquesta, de quatre-centes quaranta-tres obres, pugui ser concebuda i utilitzada com

---

[6] Cf. Adler, M. J. i Gorman, W. (eds.). *The Great Ideas I. A Syntopicon of Great Books of the Western World*. Londres: Encyclopaedia Britannica, 1952; *The Great Ideas II. A Syntopicon of Great Books of the Western World*. Londres: Encyclopaedia Britannica, 1952.

[7] Hutchins, R. M. *The Great Conversation, op. cit.*, p. 86.

[8] Adler, M. J. Preface. a Adler, M. J. i Gorman, W. (eds.). *The Great Ideas I. A Syntopicon, op. cit.*, pàg. xi-xxxi.

quelcom més que un grapat de magnífiques produccions escrites en sèrie; això és, que pugui ser presa com el tot unitari i continuat de la tradició que representen, i així esdevenir, més que un producte editorial, un recurs pedagògic, si es vol, enciclopèdic, en sentit estricte.[9]

2. El moment platònic de Mortimer Adler

> Plato presided over my initiation into this career. His dialogues raised many, if not all, the questions that any philosopher must ponder.[10]
>
> MORTIMER J. ADLER

Mortimer Jerome Adler (1902-2001) ha estat una de les figures més destacades del moviment pels grans llibres del segle XX als Estats Units d'Amèrica. La presència d'Adler és una constant en tots i cadascun dels decisius moments d'aquesta tradició, de la qual la seva tasca com a coeditor de la col·lecció *Great Books of the Western World* d'Encyclopaedia Britannica només n'és el pinacle. Començant pel General Honors de John Erskine a Colúmbia, primer com a estudiant i després com a tutor, passant pels seminaris de lectura i discussió de l'Escola de Filosofia del People's Institute de Nova York, seguint pel Comitè d'Arts Liberals de la Universitat de Chicago o pel New Program del St. John's College, i acabant en la Great Books Foundation, la figura i l'ombra d'Adler és representada en tot moment d'una manera o altra. Així, com l'Adler madur i de major transcendència pública i controvèrsia en els debats sobre l'educació superior a Nord-amèrica se situa obsessivament en la tradició aristotèlica i tomista,[11]en el període que transcorre de 1918 a 1935 —això és dels quinze als trenta-dos anys—, la formació i el pensament del jove Mortimer es troben decisivament marcats per la filosofia platònica. Tal com testimonien les seves memòries, és per la lectura dels Diàlegs que s'expliquen la vocació filosòfica i els inicis de la seva formació, però també les primeres fites en la seva trajectòria intel·lectual i docent —d'altra banda decisives en la configuració elemental de l'ideal dels great books i del moviment per les arts liberals en el segon quart del segle XX als Estats Units.

L'interès pels Diàlegs de Plató es desperta en Adler a l'edat de quinze anys. Es dona de la mà de l'*Autobiography* de John Stuart Mill, tot seguint les classes d'extensió universitària de Colúmbia sobre literatura victoriana, a les quals assisteix mogut pel desig

[9] Cf. *Ibid.*, p. 11.

[10] ADLER, M. J. *Philosopher at Large. An Intellectual Autobiography.* Londres: Macmillan Publishing, 1977, pp. 237-239, 293.

[11] Cf. ASHMORE, H. S. *Unseasonable Truths: The Life of Robert Maynard Hutchins.* Londres: Little, Brown & Co, 1989, p. 158-159; LACY, T. «Intellectum Quaerens Fides»: Mortimer J. Adler's Journey of Mind and Heart. *U.S. Catholic Historian* 32(2), 2014 , p. 92; BEAM, A. *A Great Idea at the Time, op. cit.*, p. 32.

de millorar en l'ofici d'escriptor i de progressar en la carrera periodística, mentre treballa de secretari a l'editorial del *Sun* de Nova York. Meravellat per la precocitat de Mill en el domini del grec i en la lectura i comprensió de l'obra platònica,[12] Adler troba en l'anglès el motiu que el posarà en la pista de Sòcrates i a la recerca de la filosofia del fundador de l'Acadèmia. De seguida prendrà prestat el volum de la *Harvard Classics* i llegirà l'*Eutifró*, l'*Apologia*, el *Fedó* i el *Critó*. Fins a tal punt li criden l'atenció, que, malgrat els progressos resultants del jove Mortimer com a redactor, la lectura dels Diàlegs precipitarà aviat en la decisió de no prosseguir el camí professional i reprendre els estudis al *college*, amb l'esperança de descobrir-hi altres llibres que l'arribin a commoure tant com Plató.[13] D'aquesta manera, un any abans que John Erskine faci realitat a Colúmbia, el curs fundacional dels programes col·legials de grans llibres —el celebrat General Honors—,[14] el 1919, Adler ingressa al College de Colúmbia. Simultàniament a les classes que seguirà, entre d'altres, amb John Dewey —irreverent antecedent de les disputes que als anys trenta i principis dels quaranta mantindrà a la Universitat de Chicago amb els hereus de l'escola pragmatista—, Adler assisteix captivat a les lliçons de filosofia antiga de Frederick James Eugene Woodbridge (1867-1940). El curs de Woodbridge —amb qui també descobrirà l'obra d'Aristòtil, fins a commoure'l, amb el temps, més que cap altra (amb el permís de Sant Tomàs)— ofereix un extens i delicat tractament dels Diàlegs de Plató que convida a Adler a una renovada interpretació dels mateixos; una renovada lectura que esdevindrà, com veurem a l'apartat següent, determinant en la seva concepció inicial de la filosofia, i de la seva pràctica i ensenyament, com a essencialment dialèctica.[15]

L'any següent d'ingressar al College de Colúmbia, a banda dels cursos del Departament de Filosofia, Adler també assistirà els seminaris de lectura de clàssics de John Erskine. I poc després n'esdevindrà professor ajudant, com també ho farà als cursos anàlegs del People's Institute de Nova York, especialment dirigits a un públic adult i popular. Fent memòria de com aprengué de Mark van Doren a liderar les discussions en aquests seminaris, Adler insisteix en la importància que tindria per al bon curs de la conversa la pregunta inicial, així com la repetida i variada reformulació de la mateixa, de manera que capti i dirigeixi l'atenció del màxim de veus possibles del seminari i que així es doni peu a expressar múltiples opinions. L'art de fer preguntes, efectivament, més que qualsevol altra tècnica o expertesa, fora l'art que hauria de dominar qualsevol que es prestés a fer de tutor dels seminaris, i del qual Sòcrates en seria el millor exem-

[12] Cf. Mill, J. S. *Autobiography.* Nova York: Henry Holt and Co, 1873, pp. 1-37.

[13] Cf. Adler, M. J. *Philosopher at Large. op. cit.,* pp. 5-6.

[14] Cf. Pascual Martín, A. Practice, idea and criticism of a Great Books program. John Erskine and the General Honors at Columbia College (1920-1928). *History of Education and Children's Literature* XIX(1), 2024 pp. 429-448.

[15] Cf. Adler, M. J. *Philosopher at Large. op. cit.,* pp. 27-30.

ple.[16] Certament, el mètode socràtic d'interrogació esdevindrà per a Adler, com ho ha estat per a tants d'altres tutors de seminaris de grans llibres, el model o el paradigma del tipus d'intervenció a seguir a l'hora de promoure i conduir les discussions. Un mètode amb el qual Adler ja s'hauria familiaritzat, almenys des que, sota la influència de Mill, s'inicià a llegir els Diàlegs de Plató i jugava amb una colla d'amics per insistència seva a entaular de broma una mena de converses on feia d'interrogador socràtic.[17]

L'any 1929 Mortimer Adler deixarà Nova York per acompanyar el joveníssim Robert Maynard Hutchins en la majestuosa empresa de presidir la Universitat de Chicago. Després d'una sèrie de reformes organitzatives i curriculars inicials, la insistència en una segona bateria d'innovacions molt més radicals en els termes d'una educació liberal, aixecaran molta oposició entre el claustre. Les insostenibles desavinences que de resultes es produeixen entre el nostre protagonista i els homes forts del Departament de Filosofia obliguen el rector Hutchins a relegar-lo a l'Escola de Dret, on es farà càrrec del curs preparatori d'accés. Fent honor a la seva denominació, el Trivium Course té com a finalitat, a més d'oferir un primer contacte amb la tradició humanística, proveir els aspirants amb les eines necessàries per al bon llegir i escriure, escoltar i parlar, que havien d'assistir-los intel·lectualment tant en el recorregut acadèmic com en l'exercici professional i el desenvolupament ciutadà. Amb aquest propòsit, el curs s'organitza partint de dos eixos: en un s'exposen les bases teòriques de les arts del llenguatge —la gramàtica, la retòrica i la lògica—, sovint acompanyades d'exercicis analítics; en l'altre, a partir de la lectura detallada i la discussió d'un clàssic, es posen en pràctica les regles d'escriptura, lectura i oratòria treballades en el primer eix. Cap altre que el *Menó* de Plató, convertit posteriorment en una espècie de carta fundacional alhora que exercici iniciàtic per a alguns programes d'educació liberal i grans llibres, fou el text escollit per Adler per llegir i comentar en la primera edició del curs.[18]

L'ascendència de Plató en l'obra i el pensament d'Adler arribarà, però, al seu punt i final el 1935. És el moment en què Adler abandonarà la postura dialèctica que fins al moment hauria defensat i articulat—arribant a considerar-la hàbil sofisteria i reservant-li un lloc estrictament propedèutic—,[19] per abraçar la possibilitat d'un cos de ve-

[16] Cf. *Ibid.*, pp. 57-58.

[17] Cf. *Ibid.*, p. 6.

[18] Cf. *Ibid.*, pp. 151-155. Sobre el *Menó*, és paradigmàtic el lloc que ocupa la seva lectura al St. John's College, i del qual en resulta, entre d'altres, l'extraordinari comentari al diàleg de Jacob Klein. En paraules d'Eva Brann, qui fou tutora i degana d'aquesta institució, el *Menó* és al New Program de St. John's el que la Declaració d'Independència als Estats Units d'Amèrica (Cf. Brann, E. Jacob Klein: European Scholar and American Teacher. Maher, D. P. i Romiti, A. (eds.). *To Turn the Soul: Essays Inspired by Jacob Klein.* Filadelfia, Paul Dry Books, 2025 pp. 5-6).

[19] «Clarifying the disagreements among philosophers, or the issues on which they stand opposed, and delineating the controversies in which they are engaged can help to clear away the underbrush that impedes progress in philosophical thought, but it does not contribute a single new idea or insight to enlarge our grasp of the truth about the

ritats filosòfiques que trobarà en l'obra d'Aristòtil i Sant Tomàs d'Aquino. El gir provocarà tal distanciament amb altres representants del moviment per les arts liberals i els grans llibres, com Scott Buchanan i Richard Mackeon, amb qui tanta afinitat hauria tingut en el passat, que el Comité d'Arts Liberals de Chicago, creat pel rector Hutchins per avançar en les reformes curriculars de l'educació superior, amenaça de trencar-se tot just un any abans que fructifiqui en el New Program del St John's College.[20]

3. De Plató i l'essència dialèctica de la filosofia

El 1927 Mortimer Adler publica *Dialectic*,[21] la primera obra que escriurà de certa importància i que serveix en bona mesura a la teorització sobre la naturalesa filosòfica del treball intel·lectual practicat als seminaris de lectura i discussió del College de Columbia i del People's Institute de Nova York.

L'obra, escrita anys abans que Hutchins i Adler coneguin un de l'altre, ofereix una primera formulació de la idea de Gran Conversa com a il·lustrativa de la naturalesa i el caràcter de la tradició intel·lectual d'Occident. Adler hi defensa que, malgrat la impressió que pugui causar l'actitud dogmàtica mantinguda per una gran majoria de filòsofs respecte als seus propis pronunciaments, sembla evident que l'espectacle que representa la història de la filosofia en el seu conjunt, i el que la converteix en un fenomen intel·ligent i intel·ligible, és el de la prolongada i mil·lenària conversa sostinguda entre cadascun d'ells a propòsit del conflicte produït pels sistemes respectius. La història de la filosofia com a història de les controvèrsies i de l'oposició d'opinions i de teories al voltant dels diferents fenòmens de què tracten, és per a ell una prova més del caràcter essencialment dialèctic de la filosofia,[22] que se suma al vincle històric amb la resta d'arts del llenguatge, especialment en el seu ensenyament, així com a un cert origen (socràtic-platònic) de la mateixa en la llengua oral, i no en l'escrita.[23] Definida la dialèctica com el tipus de pensament que s'esdevé quan els humans entren en disputa o quan reflexionen sobre aspectes polèmics d'una determinada teoria o idea —pensament, d'altra banda, en què prenen part recurrentment els homes de manera ordinària quan conversen—, Adler no veu en la filosofia res més que el perfeccionament o la sofisticació d'aquest procés en vista a atènyer el coneixement o la veritat. O dit al revés, en el moment que escriu aquesta obra només reconeix la filosofia en el pensament que s'embranca d'alguna manera en el fenomen de la controvèrsia i la disputa, i que esdevé filo-

actual world». Adler, M. J. *Philosopher at Large. op. cit.*, p. 92.

[20] Cf. *Ibid.*, pp. 175-176.

[21] Adler, M. J. *Dialectic.* Nova York: Harcourt, Brace & Co, 1927.

[22] Cf. *Ibid.*, pp. 228-231.

[23] Cf. *Ibid.*, pp. 8-9.

sòfic per l'esforç d'aclariment o solució de les oposicions que es donen en les qüestions discutides.[24]

El que per a Adler resulta estrany, sinó anòmal, és que en la mateixa tradició filosòfica, llevat d'algunes excepcions, el tipus de pensament que emergeix de la conversa, l'oposició i la controvèrsia hagi estat escassament considerat. Ben mirat, Adler no veu fora de Plató, les *disputatio* medievals i la filosofia hegeliana, que s'hagi atès, abordat i discutit suficientment i seriosa el caràcter dialèctic com a essencial a la filosofia.[25] I estrictament acaba per no reconèixer sinó en el fundador de l'Acadèmia, qui a banda d'altres consideracions fora el primer d'encunyar el terme, l'única figura de la història del pensament que hauria entès perfectament la naturalesa dialèctica de la filosofia. Certament, el judici d'Adler fora que és Plató qui millor exemplificaria l'actitud i millor materialitzaria literàriament en la seva obra, a través del diàleg, la forma de procedir dialèctica.

> The dialogues form a dramatic rendering of human conversation as the locus of philosophical thought. Therein the philosopher and the dialectician are identified. The theme of a platonic dialogue is an oposition of opinions, as an opposition that usually arises in the course of conversation. The opposition is clarified, and perhaps, resolved, only to suffer the facing of another opposition, and so on. There is no ultimate resolution of the intellectual controversy that forms the dialogue; many doctrines are proposed; their meanings are made clear; but none are proved in the dogmatic manner. In the light of the present discussion, there is no philosophy in the dialogues of Plato outside of the dialectic that is therein contained.[26]

En contra del corrent ortodox i convencional que fa de l'autor dels Diàlegs un dogmàtic, la lectura de Plató, a partir de la qual Adler adopta una concepció dialèctica de la filosofia, ignora completament les suposades doctrines platòniques, ja sigui perquè la seva atribució la considera fruit d'un malentès del platonisme, o perquè, en cas de no ser erròniament atribuïdes, les troba del tot irrellevants per al Plató filòsof. Car, allò en que consistiria la filosofia dels Diàlegs fora fonamentalment sotmetre a examen opinions corrents entre els seus contemporanis, que rara vegada podrien identificar-se amb les seves pròpies. En el procés d'examen, se suggereixen opinions contràries, i preses com a hipòtesis alternatives, se n'examinen igualment les conseqüències; però tal pro-

[24] Cf. *Ibid.*, pp. v-vi, p. 222.

[25] Cf. *Ibid.*, p. 22. Amb el temps afegirà, com no podria ser d'una altra manera, Aristòtil. Cf. Adler, M. J. *Philosopher at Large. op. cit.*, pp. 91-93.

[26] *Ibid.*, p. 233.

cés, mentre facilita l'aclariment dels discursos, i en bona mesura, de les coses de què tracten, rarament finalitza amb respostes concloents.[27]

La interpretació d'Adler remet a l'«autotesmoni» de la *Carta VII* en la qual Plató afirma que no hi haurà mai cap obra seva que tracti de determinades qüestions, i per la qual cosa, alhora, desautoritza a qualsevol que hagi escrit o pugui arribar a escriure sobre les seves doctrines (341b-d). Seguint a Stuart Mill, defensa que, més que assumir certs dogmes, l'ésser del platonista consistiria a seguir el mètode d'investigació propi de la filosofia.[28] Un mètode d'investigació que Adler identifica amb el de la segona navegació socràtica, tal com aquesta queda exposada al *Fedó* (99e i seg.). Però per sobre de qualsevol altra aportació, Adler declara estar en deute amb la interpretació refrescant de qui fora el seu professor de filosofia antiga a Colúmbia, Frederick Woodbridge.[29] Encara per acabar en el moment de la publicació de *Dialectic*, ofereix una renovada lectura dels escrits de Plató a *The Son of Apollo*. Woodbridge sostindrà que no hi ha contingut en els Diàlegs d'un Plató sistemàtic ni doctrinal, sinó que aquests consisteixen essencialment en entretingudes dramatitzacions o representacions de la vida de la raó, en les que més enllà de comparèixer-hi tota mena de discursos, alguns d'ells filosòfics, a nivell doctrinal resulten del tot inconclusos, incerts i més aviat fútils.[30]

Cap al final del llibre, Adler projecta de nou la concepció dialèctica de la filosofia sobre la seva història, aquesta vegada, però, per especular com fora una història de la filosofia de ser escrita pel mateix Plató. El jove Mortimer somia amb una «Summa Dialectica». La «Summa», a la manera dels Diàlegs, dels quals n'imitaria el caràcter literari, recolliria a mode de conversa les teories, els sistemes i les filosofies més significatives que hauria donat la història del pensament. Dit d'una altra manera, tractaria d'explicar les línies argumentals de la tradició filosòfica com una sèrie d'oposicions en continu i provisional desenvolupament entre doctrines parcials. Tot plegat amb la finalitat d'identificar en la història les principals preocupacions intel·lectuals, d'aclarir les adopcions i les oposicions en diferents sistemes, així com els principals intents de solució.[31]

---

[27] Cf. *Ibid.*, pp. 234-235, 257.

[28] «I have felt ever since that the title of Platonist belongs by far better right to those who have been nourished in, and have endeavoured to practise Plato's mode of investigation, than to those who are distinguished only by the adoption of certain dogmatical conclusions, drawn mostly from the least intelligible of his works, and which the character of his mind and writings makes it uncertain whether he himself regarded as anything more than poetic fancies, or philosophic conjectures». Mill, J. S. *Autobiography, op. cit.*, p. 22.

[29] Cf. Adler, M. J. *Dialectic, op. cit.*, pp. 257-259.

[30] Cf. Woodbridge, F. J. E. *The Son of Apollo: Themes of Plato.* Londres: Houghton Mifflin Co., 1929, pp. 32-58.

[31] Cf. Adler, M. J. *Dialectic, op. cit.*, pp. 235-237.

4. Com llegir un llibre: la lectura sintòpica

Mentre *Dialectic* és el llibre amb el qual de jove es guanyarà un cert reconeixement acadèmic —alguns dels més significatius venen de John Dewey, Robert M. Hutchins, Scott Buchanan o el platonista Paul Shorey—,[32] *How to Read a Book* és, de llarg, l'obra que més ha transcendit i més s'ha venut de Mortimer Adler. L'edició de 1972,[33] àmpliament revisada en col·laboració amb Charles Van Doren, conté una extensa exposició sobre el caràcter, la finalitat i els passos que demana una lectura sintòpica o «paral·lela» —tal i com recull la traducció castellana—,[34] que complementa l'explicació que contenia ja el prefaci del *Syntopicon of the Great Books of the Western World* publicat vint anys abans.

A la segona versió de *How to Read a Book*, la lectura sintòpica correspon al quart i darrer nivell que atenen Adler i Van Doren, després dels nivells de lectura primària, d'inspecció i analítica. Si el nivell primari de lectura implica un domini bàsic, pràcticament mecànic, dels rudiments del llenguatge que permeten la simple descodificació del text, i si els nivells d'inspecció i d'anàlisi aborden la comprensió i el sentit del mateix —el d'inspecció a partir de la percepció orientativa del tot sense endinsar-s'hi, i l'analític, de l'examen dels elements que el composen—, el *syntopic* és el que es dona a partir de la lectura de més d'un llibre per a la comprensió de la unitat d'un tema o d'una idea.[35] Gràcies al didactisme que apliquen Adler i Van Doren, arribem a conèixer els passos que convé seguir per dominar l'art de llegir en cadascun dels nivells. En el cas de la lectura sintòpica, i comptant que el lector es pugui evitar els prolegòmens corresponents a recopilar les obres i identificar els passatges que tractarien una mateixa qüestió —cosa que permet el disposar d'un instrument del tipus del *Syntopicon*—, un s'ha d'ocupar, com si de Sòcrates es tractés, de fer convergir els autors en l'ús d'una terminologia comuna i d'establir un conjunt de proposicions a partir d'una sèrie de preguntes que tots els autors puguin respondre, que permeti fer-se amb un quadre general i unitari del tema en qüestió.[36] Tot plegat, amb la finalitat no de poder donar una resposta definitiva o concloent a les preguntes plantejades, ni de solucionar el problema original de la recerca comparativa finalment amb una determinada doctrina, sinó, tal com a *Dialectic* reconeixia en el tipus de pensament que representen els Diàlegs platònics, a l'espera, a tot estirar, de poder mostrar o contemplar, sense prendre partit, és a dir,

[32] Adler, M. J. *Philosopher at Large. op. cit.,* pp. 49, 93, 108, 160.

[33] Adler, M. J. i Van Doren, C. *How to Read a Book.* Nova York: Simon and Schuster, 1972.

[34] Adler, M. J. i Van Doren, C. *Cómo leer un libro.* Barcelona: Debate, 2001.

[35] Cf. Jaume, A. L. Leer y escribir como formas de autocomprensión. Una perspectiva desde la filosofía de la técnica. *Temps d'Educació* 69, 2025 (en premsa).

[36] Cf. Adler, M. J. i Van Doren, C. *How to Read a Book, op. cit.,* pp. 316 i seg.

mantenint certa objectivitat o neutralitat dialèctica sobre l'escena dels discursos, tots els aspectes que presenta la qüestió.[37]

Per la seva banda, la primera edició de *How to Read a Book*,[38] malgrat, com hem comentat en apartats anteriors, sigui resultat de la lectura del *Menó* al Trivium Course del 1933-1934, manté un to menys marcadament didàctic. Publicada el 1940, això és dotze anys abans que surti a la llum *Great Books of the Western World* i un parell d'anys abans que s'iniciï el projecte de col·lecció, no hi trobarem pas referida l'expressió «lectura sintòpica», malgrat que hi aparegui apuntada la idea de la Gran Conversa respecte a la història de la tradició. Alternativament, l'interès de l'especulació sobre la lectura recau aquí en la naturalesa dialèctica o conversacional del tipus de pensament que practiquem *individualment* quan llegim un sol llibre. És a aquest fenomen que la idea de Gran Conversa apareix supeditada.

En un passatge anàleg a les crítiques al llibre i a l'escriptura del *Protàgoras* (329a) i del *Fedre* (275d-e), Adler qualifica inicialment el llibre com una cosa morta. El llibre ni pot contestar a preguntes, ni pot respondre a allò que nosaltres diguem. Certament, es dona a través d'ell un cert tipus de comunicació, però tanmateix no podem mantenir amb ell una conversa, com a mínim, no una conversa a la manera com l'entaulem oralment amb els nostres mestres vius.[39] No obstant això, segons Adler, sí que es pot donar i, de fet, s'ha de donar, una altra mena de conversa amb el text escrit. Aquesta és la que correspondria al tipus d'intercanvi o de discussió interna que s'origina en la crítica, com el darrer pas en la lectura d'un llibre. Tan bon punt el lector s'ha esmerçat i pot dir que comprèn un llibre, és a dir, que capta què s'hi ofereix com a coneixement, disposa de la inevitable oportunitat de dir la seva respecte a què li brinda. No és només que en tingui l'oportunitat, sinó que hi està obligat. Per Adler, en la mesura que el coneixement que vol comunicar el llibre té per finalitat instruir o persuadir, el lector està obligat a jutjar si el coneixement que s'ofereix en el llibre és o no acceptable; de no complir amb tal obligació, el lector cometria injustícia amb l'autor, qui malgrat no poder escoltar ja resposta, en escriure'l n'esperaria una de qualsevol que el llegís.[40]

Al cap i a la fi, si podem arribar a pensar els grans llibres prenent part en una prolongada conversa és precisament en compliment de l'últim estadi, el crític, en la lectura de llibres. Els grans mestres de la tradició ho són en la mesura que són grans lectors, grans lectors en el darrer i culminant sentit en què s'és lector, això és, com a interlocutor crític, més que no pas com a simple espectador. És per aquesta raó precisament que la lectura sintòpica dels grans llibres de la tradició és l'ocasió escrita particularment més

[37] Cf. *Ibid.*, p. 324.

[38] Adler, M. J. *How to Read a Book. The Art of Getting a Liberal Education.* Nova York: Simon and Schuster, 1940.

[39] Cf. *Ibid.*, p. 49.

[40] Cf. *Ibid.*, pp. 235 i seg.

favorable, i amb el permís dels Diàlegs de Plató, per desenvolupar la fase crítica de la lectura, o el que és el mateix, per participar d'una gran discussió.[41] Mentre l'ocasió oral idònia fora, al seu torn, la de la pràctica de la conversa entre dues o més persones al voltant d'un llibre que hagin llegit. Efectivament, encara que no sigui indispensable, l'exercici de la conversa amb altres sobre un llibre, tal com es proposa als seminaris de lectura i discussió de grans llibres, també pot contribuir d'alguna manera tant a dialogar amb el llibre quan estem sols, com a posar en relació les veus de dos o més llibres que tracten les mateixes qüestions.[42]

Referències bibliogràfiques

ADLER, Mortimer J., *Dialectic.* Nova York: Harcourt, Brace & Co, 1927.

ADLER, Mortimer J., *How to Read a Book. The Art of Getting a Liberal Education.* Nova York: Simon & Schuster, 1940.

ADLER, Mortimer J., *Philosopher at Large. An Intellectual Autobiography.* Nova York: Macmillan Publishing, 1977.

ADLER, Mortimer J. i GORMAN, William (eds.), *The Great Ideas I. A Syntopicon of Great Books of the Western World.* Chicago: Encyclopaedia Britannica, 1952.

ADLER, Mortimer J. i GORMAN, William (eds.), *The Great Ideas II. A Syntopicon of Great Books of the Western World.* Chicago: Encyclopaedia Britannica, 1952.

ADLER, Mortimer J. i VAN DOREN, Charles, *How to Read a Book.* Nova York: Simon & Schuster, 1972.

ADLER, Mortimer J. i VAN DOREN, Charles, *Cómo leer un libro.* Madrid: Debate, 2001.

ASHMORE, Harry S., *Unseasonable Truths: The Life of Robert Maynard Hutchins.* Boston, Toronto i Londres: Little, Brown & Co, 1989.

BEAM, Alex, *A Great Idea at the Time: the Rise, Fall, and Curious Afterlife of the Great Books.* Nova York: Public Affairs, 2008.

BRANN, Eva, «Jacob Klein: European Scholar and American Teacher». A D.P. Maher i A. Romiti (eds.), *To Turn the Soul: Essays Inspired by Jacob Klein.* Filadelfia: Paul Dry Books, 2025, pp. 1-16.

HAARLOW, William N., *Great Books, Honors programs, and Hidden Origins: the Virginia Plan and the University of Virginia in the Liberal Arts Movement.* Nova York: Routledge Falmer, 2003.

HUTCHINS, Robert M., *Great Books of the Western World. The Great Conversation. The Substance of a Liberal Education.* Chicago: Encyclopaedia Britannica, 1952.

JAUME, Andrés Luis, «Leer y escribir como formas de autocomprensión. Una perspectiva desde la filosofía de la técnica». *Temps d'Educació* 69, 2025 (en premsa).

KLEIN, Jacob, *A Commentary on Plato's Meno.* Chapel Hill: The University of North Carolina Press, 1965.

[41] Cf. *Ibid.*, p. 290. La idea que el caràcter literari dels Diàlegs platònics convidi a la participació activa del lector, es remunta almenys a Friedrich SCHLEIERMACHER. (*Introductions to the Dialogues of Plato.* Traduit per William Dobson. Cambridge: Deighton, 1836), essent seriosament represa en la renovació contemporània dels estudis platònics (cf. KLEIN, J. *A Commentary on Plato's Meno.* Chapel Hill: The University of North Carolina Press, p. 7-8, 1965; SALES I CODERCH, J. «Assistir al diàleg, assistir el diàleg». En MONSERRAT MOLAS, J. *«El polític» de Plató. La gràcia de la mesura.* Barcelona: Barcelonesa d'Edicions, 1999, pp. xv-xxiv).

[42] *Ibid.*, p. 291.

LACY, Tim, *The Dream of a Democratic Culture: Mortimer J. Adler and the Great Books Idea.* Nova York: Palgrave Macmillan, 2013.

LACY, Tim, « "Intellectum Quaerens Fides": Mortimer J. Adler's Journey of Mind and Heart». *U.S. Catholic Historian* 32(2), 2014, pàg. 91-116.

MAYER, Milton, *Robert Maynard Hutchins: a memoir.* Berkeley i Los Angeles: University of California Press, 1993.

MILL, John Stuart, *Autobiography.* Nova York: Henry Holt & Co, 1873.

PASCUAL MARTÍN, Àngel, «Practice, idea and criticism of a Great Books program. John Erskine and the General Honors at Columbia College (1920-1928)». *History of Education and Children's Literature* XIX(1), 2024, pàg. 429-448.

SALES I CODERCH, Jordi, «Assistir al diàleg, assistir el diàleg». A J. Monserrat Molas, *«El polític» de Plató. La gràcia de la mesura.* Barcelona: Barcelonesa d'Edicions, 1999, pàg. xv-xxiv.

SCHLEIERMACHER, Friedrich, *Introductions to the Dialogues of Plato.* Cambridge: Deighton, 1836.

TORRALBA, José María, *Una educación liberal. Elogio de los grandes libros.* Madrid: Encuentro, 2022.

WOODBRIDGE, Frederick J.E., *The Son of Apollo: Themes of Plato.* Boston i Nova York: Houghton Mifflin Co., 1929.

Àngel PASCUAL MARTÍN

EDUCATION FOR LIFE: GREAT BOOKS SEMINARS AS A WAY TO PROVIDE TODAY'S UNIVERSITY STUDENTS WITH A PERSONALLY MEANINGFUL AND CIVICALLY RELEVANT EDUCATION

Emma COHEN DE LARA

University of Amsterdam / Universidad de Navarra
ecohend@external.unav.es
Núm. ORCID: 0000-0001-6138-7032

Article rebut: 31/05/2025
Article acceptat: 17/09/2025
DOI: 10.60940/comprendrev27n2id9900229

Abstract

There is a widespread concern that the performance culture at modern universities raises anxiety levels amongst students and generates individualistic, career-oriented graduates (Brooks, 2001; Deresiewicz, 2015; Sandel, 2021). In addition, modern democratic societies struggle with a lack of social cohesion, increasing polarization and anti-intellectual tendencies (Kakutani, 2019). Modern universities can be said to have three missions, namely, to provide professional education, scientific research and training, and liberal education. The main argument of the paper is that liberal education, defined as the development of the student as a whole person, complements a professional and scientific education and deserves more attention given the concerns about both today's students and societies. The paper provides a short history of liberal education and of great books seminars as one way of providing a liberal education. The paper then discusses practical-educational questions about text selection and the role of the teacher. In the final part, the paper offers an example of a text that could be read as part of great books seminars, namely, E. M. Forster's *Where Angels Fear to Tread,* which provides students with the opportunity to think about the relationship between friendship, self-knowledge and purpose.

Key words: liberal education, great books seminars, university, literature, intellectual virtues.

1. Introduction

In recent decades, a growing body of literature has voiced concern over the prevailing culture in modern universities, particularly the rise of performance metrics, competitiveness, and a narrowly instrumental approach to education. Scholars such as Brooks, Deresiewicz and Sandel have warned that these developments contribute to elevated levels of anxiety among students and foster a model of higher education that prioritizes individual achievement and career advancement at the expense of broader human development.[1] As higher education increasingly orients itself toward market logic —emphasizing measurable outputs, employability, and professional specialization— it risks neglecting its role in fostering reflection, ethical judgment, and civic responsibility.

These institutional trends occur alongside different societal challenges. Contemporary democracies are grappling with a decline in social cohesion, increasing political polarization, and rising skepticism toward intellectual authority.[2] Such conditions call for renewed attention to the formative dimensions of education, such as in liberal education[3] and character education,[4] both of which have aims that overlap.[5] A formative education focuses not simply what students know or how employable they are, but who they become as a person intellectually and morally, and how they will engage as members of a pluralistic society. In this context, one of the missions of the modern university is more urgent than ever. While universities have traditionally pursued three major aims —professional education, scientific research and training, and liberal education—[6] the third is increasingly marginalized. Liberal education, understood as the cultivation of the whole person through intellectual formation, is often subordinated to or overshadowed by vocational and technical priorities.[7]

---

[1] Cf. Brooks, D. «The Organization Kid». *The Atlantic*. https://www.theatlantic.com/magazine/archive/2001/04/the-organization-kid/302164/; Deresiewicz, W. *Excellent Sheep. The Miseducation of the American Elite and a Way to a Meaningful Life*. Los Angeles: Free Press, 2015; Sandel, M. J. *The tyranny of merit. What's become of the common good?* London: Penguin, 2001.

[2] Cf. Kakutani, M. *The Death of Truth*. London: Wiliam Collins, 2019.

[3] Cf. Torralba, J. M. *Una Educación Liberal. Elogio de los grandes libros*. Barcelona: Encuentro, 2022.

[4] Cf. Jubilee Centre for Character and Virtues. (2020). Character Education in Universities. A Framework for Flourishing. https://www.jubileecentre.ac.uk/wp-content/uploads/2023/08/Character_Education_in_Universities_Final_Edit-1.pdf; Brant, J. Brooks, E. and Lamb, M. *Cultivating Virtue in the University*. Oxford: Oxford University Press, 2022.

[5] Cf. Torralba, J. M. «Character and Virtue in Liberal Education». In Peters, M. A. *Encyclopedia of Educational Philosophy and Theory*. Berlin: Springer Nature, 2020, pp. 1-5.

[6] *Cf.* José Ortega y Gasset. (2014). *The Mission of the University*. Routledge.

[7] Cf. Kronman, A. T. *Education's End. Why our colleges and universities have given up on the meaning of life*. New HAven: Yale University Press, 2007; Bok, D. C. *Higher Expectations. Can Colleges teach what they need to know in the 21st Century?* Princeton: Princeton University Press, 2020.

This paper argues that liberal education is not a dispensable luxury, but a vital and complementary component of higher education that deserves renewed emphasis. It plays a distinct role in equipping students not only for work, but for life as reflective individuals, thoughtful citizens, and capable interlocutors in democratic society. To make this case, the paper first offers a brief introduction to liberal education, with particular attention to the enduring tradition of great books seminars —an approach that exemplifies the potential of liberal education to engage students in meaningful conversations. The subsequent section turns from the «what» to the «how», and takes on practical-educational questions of text selection and the role of the teacher as facilitator of seminar discussions. The final section provides a case study of one such text —E.M. Forster's *Where Angels Fear to Tread*— and explores how the themes of friendship, self-knowledge, and personal purpose can serve as a meaningful invitation for liberal learning. Through this exploration, the paper seeks to show that liberal education based on great books seminars remains an important resource for universities in addressing the twin challenges of personal formation and democratic renewal in the twenty-first century.

2. What is a liberal education?

The word «liberal» in liberal education has two meanings. Firstly, the goal is to help students to develop intellectual autonomy, meaning that they become confident and competent in their ability to think for themselves, to reflect and question, and to make sense of the world. Liberal education has the goal of educating the whole person[8] and contributes to human flourishing.[9] Unlike training that focuses on a specific discipline or profession, a liberal education encourages students to ask meaningful questions and to think deeply about how to live a good life. This type of education gets students involved in thoughtful conversations that help them develop the desire and mindset to think for themselves. It involves shared inquiry, in which both careful reading and classroom discussion play important roles. Secondly, liberal education is freely pursued in that it is a good in and of itself and not pursued for the sake of something else, such as a career.

Liberal education has its roots in ancient Greece, where education was understood not merely as the transmission of knowledge, but as the deliberate formation of character. As Werner Jaeger notes, the Greeks «were the first to recognize that education

---

[8] Cf. Roche, M. W. *Why Choose the Liberal Arts?* Notre Dame, University of Notre Dame, 2010; Torralba, J. M. *Una Educación Liberal. Elogio de los grandes libros, op. cit.*

[9] Cf. DeNicola, D. R. *Learning to Flourish. A Philosophical Exploration of Liberal Education.* London: Continuum, 2012.

means deliberately molding character».[10] Homeric poetry, for example, provided ancient Athenians with a model of the courageous warrior, which was thought to shape their character by means of imitation. In addition to this model of emulation, Plato —through the voice of Socrates— introduced a more reflective approach, famously declaring that «the unexamined life is not worth living».[11] For Plato, true freedom required the cultivation of both moral and intellectual capacities. Accordingly, he saw education not as the mere passing on of knowledge or technical information, but as a form of philosophical inquiry aimed at helping students perceive the deeper nature of reality.[12]

Building on Plato, Aristotle stated explicitly that an education aimed at developing the moral and intellectual virtues can be called *liberal*: «for occupations are divided into liberal (*eleutherioon*) and illiberal (*aneleutherioon*)… any occupation, art, or science, which makes the body or soul or mind of the freeman less fit for the practice or exercise of excellence, is mechanical… to be seeking always after the useful does not become free and exalted souls».[13] Aristotle cautioned against forms of education that prioritize utility at the expense of virtue. For Aristotle, liberal education was concerned with ends that are intrinsically valuable —namely, the cultivation of virtue— rather than with instrumental goals such as gaining political power or advancing a career. This classical distinction between liberal and vocational education underscores a key philosophical commitment: that the highest aim of education lies not in what it enables one to *do*, but in who it helps one to *become*.

The classical understanding of education laid the groundwork for what would become the traditional liberal arts curriculum that structured learning around the *trivium* —grammar, logic and rhetoric—, and *quadrivium* —arithmetic, geometry, astronomy and music. As Dorothy Sayers explained in *The Lost Tools of Learning*, these arts and sciences did not primarily aim at the transmission of knowledge, but were intended to train students in the art of thinking itself.[14] For centuries, including throughout the medieval and early modern period, this education in the liberal arts was seen as essential preparation for the further study in the professions such as medicine, law, and theology.

In the nineteenth century, the enduring value of liberal education found a strong advocate in John Henry Newman. In *The Idea of a University* he emphasized that lib-

---

[10] JAEGER, W. *Paideia: The Ideals of Greek Culture*. Vol. I. Transl. G. Highet. Oxford: Oxford University Press, 1939, p. XXII.

[11] PLATO. *Apology*. In *The Last Days of Socrates*. Transl. H. Tredennick. London: Penguin, 2003, 37e.

[12] Cf. PLATO. *The Republic*. Transl. T. Griffith. Cambridge: Cambridge University Press, 2000, 518c.

[13] ARISTOTLE. *The Politics*. In *The Politics and The Constitution of Athens*. Transl. B. Jowett and J. Barnes.Cambridge: Cambridge University Press, 1996, 1337b7-10 and 1338b3-4.

[14] Cf. SAYERS, D. *The Lost Tools of Learning: Symposium on Education*. London: CrossReads Publications, 1947.

eral education and liberal pursuits are fundamentally exercises of the intellect —of reasoned reflection and critical engagement. For Newman, the true mark of a liberal education is the formation of a lasting «habit of mind» characterized by intellectual freedom, fairness, calmness, moderation, and wisdom —what he described as «a philosophical habit».[15] Newman was writing at a time when the modern university was emerging as a complex institution composed of increasingly specialized disciplines. In this context, he saw liberal education as essential for helping students cultivate an integrated and coherent understanding of knowledge across fields. He argued that knowledge should not be fragmented or reduced to utility; rather, it should be understood as a unified intellectual pursuit: «When I speak of knowledge, I mean something intellectual, something which grasps what it perceives through the senses; something which takes a view of things... Not to know the relative disposition of things is the state of slaves or children».[16] In other words, liberal education is understood to promote a broad and connected understanding and, in this way, to cultivate intellectual freedom. In addition, Newman affirmed that such expansive understanding is not just useful but intrinsically worthwhile: «there is a knowledge worth possessing for what it is, and not merely for what it does».[17] This contemplative dimension of learning is central to our humanity: «Such is the constitution of the human mind, that any kind of knowledge, if it be really such, is its own reward».[18] After all, Newman argued, human beings have «an ardent desire for the acquisition of knowledge [...and are...] satisfying a direct need of our nature in its very acquisition».[19]

However, it would be a mistake to interpret the liberal education tradition —based on thinkers like Plato, Aristotle, and Newman— as oriented exclusively towards intellectual and contemplative ends. The productive tension between the contemplative life (*vita contemplativa*) that aims at wisdom, and the active life (*vita activa*) that is aimed at engagement in society, politics, or a profession runs throughout the tradition, as marvelously charted by Kimball.[20] Liberal education has always encompassed not just the cultivation of wisdom, but also the formation of practical judgment (*phronesis*), that is, the capacity to make sound decisions in public and professional life.[21] As Kim-

[15] Newman, J. H. *The Idea of a University*. New Haven: Yale University Press, 1996, p. 77.

[16] *Ibid.*, pp. 84-85.

[17] *Ibid.*, p. 85.

[18] *Ibid.*, p. 78.

[19] *Ibid.*, p. 79.

[20] Cf. Kimball, B. A. *Orators and Philosophers. A History of the Idea of a Liberal Education*. New York: Teachers College Press, 1986.

[21] Cf. *Ibid.*, p. 5.

ball points out,[22] for the Roman philosopher Cicero, for example, immersion in literature, history, and philosophy was not merely pleasurable; it nourished the capacities for rhetorical eloquence and reasoned argument, both of which were essential for engagement in public life.

Building on this classical ideal, the twentieth century has seen significant movements and voices that understood a liberal education as the best preparation for citizenship and the professions. Specifically, the ideal gained significant momentum in the United States after World War II. The authors of the influential *General Education in a Free Society*,[23] commonly known as the Harvard Redbook, argued that a broad general education was crucial for developing free democratic citizens and professionals. This vision stood in contrast to education narrowly focused on preparing scholars or pure scientists. The Redbook emphasized that education should «help young persons fulfill the unique, particular functions in life which it is in them to fulfill, and fit them so far as it can for those common spheres which, as citizens and heirs of a joint culture, they will share with others».[24] Importantly, education was understood as more than the simple transmission of knowledge; it involved «the cultivation of certain aptitudes and attitudes in the mind of the young».[25] These included the ability «to think effectively, to communicate thought, to make relevant judgments, to discriminate among values».[26] Although the Redbook did not explicitly use Aristotelian terminology, these capacities closely correspond to Aristotle's concept of *phronesis*, or practical wisdom —the reflective and ethical judgment necessary for responsible action in both public and professional spheres.

Building on the enduring connection between liberal education and public life, more recent thinkers have emphasized the critical role of the humanities in preparing students for active citizenship. Hannah Arendt, for instance, recognized the humanities —literature, history, and philosophy— as essential for understanding the plurality of human experience, as essential preparation for public life.[27] She argued that the study of literature, history, and philosophy trains individuals to understand plurality —the coexistence of diverse perspectives— and to exercise judgment in complex, shared spaces. This leads to an attitude that «knows how to take care and preserve and admire the things of the world».[28] The humanities teach students how to think with

[22] Cf. *Ibid.*

[23] Cf. *General Education in a Free Society. Report of the Harvard Committee.* Cambridge: Harvard University Press, 1945.

[24] *Ibid.*, p. 4.

[25] *Ibid.*, p. 64.

[26] *Ibid.*, p. 65.

[27] *Cf.* Arendt, H. *Between Past and Future. Six Exercises in Political Thought.* New York: Viking Press, 1961.

[28] *Ibid.*, p. 225.

and among others, to consider issues from multiple viewpoints, and to find one's orientation in a common world. In this sense, a liberal education does not retreat from the world but equip students to enter it thoughtfully and responsibly, as citizens capable of navigating the demands of collective life.

Martha Nussbaum builds on this humanistic tradition that argues that liberal education is vital for sustaining democracy. In *Not for Profit: Why Democracy Needs the Humanities*, she contends that literature and philosophy cultivate essential democratic capacities, including critical thinking, empathetic imagination, and the ability to see the world through the eyes of others.[29] Without these —she warns— education risks becoming narrowly instrumental and incapable of preparing students for meaningful civic engagement. Like Arendt, Nussbaum sees the humanities not as luxuries, but as democratic necessities.

Alongside the cultivation of wisdom and practical judgment, a third important aim of liberal education emerges, namely, the development of a sense of personal purpose.[30] In recent decades, critics such as Kronman and Deresiewicz have voiced concern that higher education has become overly career-oriented, often neglecting deeper questions of identity and purpose.[31] Kronman argues that without addressing the greater questions of what life is for and what *my* life is for, a career-focused education lacks meaningful direction.[32] Supporting this, Hitz elaborates on how the intellectual pursuit of reading great books can change the course of one's life, as it has done for notable and diverse figures such as Augustine, Einstein, and Malcolm X.[33] Montás, in a candid autobiography, recounts how liberal education centered on great books gave him an enduring sense of purpose.[34] Today, as many students are recognized as «emerging adults»[35] who explore their identity and goals, liberal education plays a vital role in meeting these developmental needs. It provides a space to ask deep questions, develop a coherent sense of self, build meaningful relationships, and engage with broad, foundational questions in order to help shape a purposeful life.

---

29 Cf. Nussbaum, M. C. *Not for Profit. Why Democracy needs the Humanities*. Princeton: Princeton University Press, 2010.

30 Cf. Roche, M. W. *op. cit.*

31 Cf. Kronman, A. T. *op. cit.*; Deresiewicz, W. *op. cit.*

32 Cf. Kronman, A. T. *op. cit.*

33 Cf. Hitz, Z. *Lost in Thought. The Hidden Pleasures of an Intellectual Life*. Princeton: Princeton University Press, 2020.

34 Cf. Montás, R. *Rescuing Socrates. How the Great Books Changed My Life and Why They Matter for the Next Generation*. Princeton: Princeton University Press, 2021.

35 Cf. Arnett, J. J. *Emerging Adulthood: The Winding Road from the Late Teens through the Twenties*. Oxford: Oxford University Press, 2015.

3. Liberal education and great books seminars

One way of providing students with a liberal education is by means of great books seminars.[36] In a way, great books seminars have almost as long a philosophical history as liberal education. In the classical tradition, «great books» were thought to provide young students with models to imitate: «All literature, all philosophy, all history, abounds with incentives to noble action, incentives which would be buried in black darkness were the light of the written word not flashed upon them».[37] For centuries, it was taken as a given that the content of the *trivium* and *quadrivium* largely consisted in what today we would call great books. These concern texts that are great on account of their depth, complexity, and scope. They are great because they address great questions. Nussbaum has rightly pointed out that great books should not be understood as authorities from which to copy answers to great questions.[38] Rather, great books are authorities in the sense that they constitute worthwhile conversation partners when thinking about great questions ourselves. Students in great books seminars engage directly with primary sources. They are encouraged to enter into intellectual traditions on their own terms, which is an important pathway towards intellectual confidence and independence.[39] Didactically, the primary aim for a teacher is to encourage students to read and develop the habit of reading. This kind of encouragement has more to do with «lighting a fire» than with passing on knowledge.[40]

In the United States, the golden age of the Great Books programs occurred during the first half of the twentieth century (1929-1945), with the establishment of the Columbia core curriculum in 1919, the great books program at the University of Chicago (1931), and the great books curriculum of St. John's College in Annapolis (1937).[41] At large research universities, such as the University of Notre Dame, a Liberal Studies program is based on the rationale that great books provide the content that helps students overcome the fragmentation of knowledge at universities focused on specialized

---

36 Cf. DeNicola, D. R. *op. cit.*

37 Cicero. *Pro Archia Poeta.* In Gamble, R. M. (ed.). *The Great Tradition. Classic Readings on What it means to be an Educated Being.* Wilmington: ISI Books, 2017, p. 69.

38 Cf. Nussbaum, M. C. *Cultivating Humanity. A Classical Defense of Reform in Liberal Education.* Cambridge: Harvard University Press, 1997; Nussbaum, M. C. *Not for Profit. Why Democracy needs the Humanities, op. cit.*

39 Cf. Hitz, Z. *op. cit.*

40 Cf. Baena Molina, R. «Reading for pleasure. From narrative competence to character education». In Brooks, E., Cohen de Lara, E., Sánchez-Ostiz, A., and Torralba, J. M. (eds.). *Literature and Character Education in Universities. Theory, Method, and Text Analysis.* London: Routledge, 2021, p. 17-33.

41 Cf. Torralba, J. M. «La idea de educación liberal. De cómo se inventaron las humanidades». In Arana, J. (ed.). *Falsos Saberes. La suplantación del conocimiento en la cultura contemporánea.* Madrid: Biblioteca Nueva, 2013, p. 65-78.

disciplinary education, and provides students with a common language to address great questions.[42]

Great books programs often follow set reading lists that reflect a shared intellectual canon, though these can evolve over time. However, a fixed canon is not required to conduct a great books seminar or to incorporate great books into individual courses, and one could argue that a fixed canon may feed into the mistaken assumptions that only the books on the list can be considered «great» and that these books can or should be considered as authorities, which is what Nussbaum warned against.[43] Instead, it is more helpful to understand the «greatness» of a book in terms of its ability to raise questions that concern human beings across time and place. Letting go of a fixed canon opens up more space for books about topics and themes that may resonate with students. At the University of Navarra, Spain, for example, instructors use canonical lists as inspiration but prioritize personal insight and enthusiasm in choosing texts.[44] This flexibility supports a core aim of great books seminars, namely, to ignite intellectual curiosity, which is more effectively achieved when instructors teach works that they themselves find compelling. Such an approach has the positive effect of broadening the scope of what may count as a great book.

Some guidance as to the selection of great books is offered by DiYanni who, in *You Are What You Read*, suggests that teachers select texts in pairs, by which he means two or four texts on a shared theme.[45] This could be a mixture of philosophical, literary, or historical texts. Involving students in the selection process can also enhance engagement. For instance, a great books course could focus on the theme of friendship. Many philosophers deal with this theme, such as Aristotle in the *Nichomachean Ethics* (books eight and nine), Montaigne in his essay *On Friendship*, Simone Weil in a chapter on friendship in her *Anthology*, and Nietzsche in a short chapter on friendship in *Thus Spoke Zarathustra*. These are relatively short and philosophically rich texts that offer diverse perspectives on friendship. Students may then be invited to select a literary work exploring friendship and analyze it through the lens of different philosophers, for example in a paper assignment. Numerous literary works explore the theme of friendship, such as Jane Austen's *Pride and Prejudice*, Charlotte Brontë's *Jane Eyre*, Saint

[42] Cf. Roche, M. W. *op. cit.*; Stapleford, T. A. «The Program of Liberal Studies after 65 Years. Blending Scholarship and Core Texts at a Research University». In Cohen de Lara, E., and Drop H. (eds.). *Back to Core. Rethinking Core Text in Liberal Arts & Sciences Education in Europe*. Wilmington: Vernon Press, 2017, pp. 75-90.

[43] Cf. Nussbaum, M. C. *Cultivating Humanity. A Classical Defense of Reform in Liberal Education*, *op. cit.*; Nussbaum, M. C, *Not for Profit. Why Democracy needs the Humanities*, *op. cit.*

[44] Cf. Sánchez-Ostiz, A. and Torralba, J. M. Intellectual and ethical education of university students through core texts seminars: The case of the great books program at the University of Navarra. *Church, Communication and Culture* 9(2), 2024, pp. 345-360.

[45] Cf. DiYanni. R. *You Are What You Read. A Practical Guide to Reading Well*. Princeton: Princeton University Press, 2021.

Euxupéry's *The Little Prince*, John Steinbeck's *Of Mice and Men*, Khaled Hosseini's *The Kite Runner*, and Don DeLillo's *White Noise*.

Great books seminars not only imply a certain content in terms of the readings, but also a certain methodology in terms of teaching. This methodology is usually called Socratic or dialogical.[46] The Socratic methodology has several characteristics. Firstly, the student is the protagonist in the learning process, not the teacher; even though the teacher has an essential presence. The teacher serves much more as a facilitator or —in Socratic terms— as a «midwife».[47] Secondly, the Socratic method presupposes not just any type of question. Socrates understood the «what is» question to be the fundamental question of practical philosophy.[48] This question, being fundamental, is the first of a range of other questions by means of which the student exercises the faculty of judgment. Thirdly, the Socratic method entails asking meaningful questions that engage the student in an existential way. This implies a certain level of integrity; a student cannot get away with answering a Socratic question in terms of what other people think or what a specific text might postulate.

Great books seminars often run in small classes with a maximum of around twenty-five students. This allows for intense class discussions. To stimulate discussion and provide students with a sense of confidence and ownership, a great books seminar may start out, first, with a round of introductions. The teacher may then open up the discussion by asking, for example, how students experienced the text. Is there anything in the text that surprised them or that they agreed or disagreed with? If a student mentions a specific point, then this can be an «in» into the text. If the class is shy and not much comes up, then it is worthwhile to ask a more specific question: What are the topics or themes in the text? And, if there are several, how do these themes relate? Again, the point is, for the teacher, to understand to how the students read the text, what strikes them in the text, and what do or do they not understand. Their questions and observations offer the best way «in» to the text. Very often, if a student raises a question about the text, one may ask what passage in the text they are referring to. This is an opportunity to return to the text and ask the student to read the passage out loud. Subsequently, rather than the teacher offering her interpretation, the teacher needs to pose the question back to the class. What does the author mean to say in the specific passage? How might this relate to a bigger theme in the text? From there, an engaged discussion may evolve. The key towards engagement is starting out with the students'

---

[46] Cf. Brooks, E., Cohen de Lara, E., Sánchez-Ostiz, A. and Torralba, J. M. (eds.), *op. cit.*

[47] Plato, *Theaetetus*, 148e-151d. In J. M. COOPER (ed.). *Plato. Complete Works.* Transl. M. J. Levett, rev. M. Burnyeat. Indianapolis: Hackett Publishing, 1997, pp. 157-234.

[48] *Cf.* Plato, *Gorgias*, 448e. In J. M. COOPER (ed.). *Plato. Complete Works.* D. J. Zeyl. Indianapolis: Hackett Publishing, 1997, pp. 791-869.

readings and, as a teacher, allowing one's own understanding of the text to guide the discussion without imposing it on the discussion.

The teacher, in other words, needs to let go of her authority and eagerness or sense of duty that may cause her to provide her own interpretation of the text; the emphasis is on asking questions instead of providing answers. Furthermore, in great books seminars, the objective is not primarily to go through a text in an orderly fashion, covering all steps of a philosophical argument or the entire storyline in a novel. Rather, the main aim is to engage the students in reading and trying to understand the text, and having a shared conversation about the meaning of the text. Such a conversation may meander, and students may bring up new points. The teacher is responsible for some of the rigor of this conversation, meaning that there are moments that the teacher has to tell the class to return to the text when the conversation relapses into the voicing of personal opinion. Also, the teacher often fulfils a role in connecting a discussion of a specific passage to the theme of the book as a whole, even though more advanced students should be capable of synthesizing the reading as well.

As a specific kind of liberal education, great books seminars provide an important context for the development of intellectual and moral virtues. Firstly, great books deal with overarching or ultimate questions, meaning that engaging with great books cultivates the mind towards comprehensiveness. Contemplating questions such as what is the good, what does it mean to be a human being, what is justice, entail theoretical reflection of the world in a disinterested way. This remove from the world and its everyday material or realist pursuits develops the ability to assess that world.[49] There is a «contemplative seeing (*theoria*)» afforded by the invitation of great books to engage in deep and fundamental questions.[50] In short, great books seminars tend towards the cultivate contemplative wisdom.

Secondly, great books seminars cultivate practical wisdom. Great books may provide moral examples to imitate, as Cicero argued, but also models of moral complexity. This offers the reader an opportunity to practice moral deliberation and reflection. Bohlin highlights the educational value of «morally pivotal points» found in works of great literature, defined as «dramatic markers that help to illustrate the characters' movement in a new or slightly refined direction».[51] Becoming more attentive to a literary character's moral development helps the reader in ethical reflection and refined judgment. It is a great reading technique, and one that I will illustrate below with a reading of E. M. Forster's *Where Angels Fear to Tread*.

---

[49] Cf. Roche, M. W., *op. cit.*, p. 29.

[50] Steel, S. *The Pursuit of Wisdom and Happiness in Education. Historical Sources and Contemplative Practices.* Albany: SUNY Press, 2014. p. 70.

[51] Bohlin, K. E. *Teaching Character Education through Literature. Awakening the Moral Imagination in Secondary Classrooms.* London: Routledge, 2005, p. 6.

Thirdly, great books seminars develop intellectual humility. Encountering a range of arguments and perspectives in texts requires engagement with different positions, and helps to develop a sense of openness and awareness of one's own limitations. Classroom discussions on texts that address meaningful questions require each participant to listen attentively. A sense of integrity is involved in intellectual humility when the student develops the ability for self-reflection and self-correction in the process of reading great books and discussing these with others. Great books provide students with a well-rounded view of what it means to be human across time and place, and this may feed into intellectual humility as well.

Fourthly, great books seminars foster the joy of learning for its own sake. Hitz writes about the *pleasures* of the intellectual life, while recognizing that these higher pleasures are curious pleasures in that they require toil and dedication.[52] Hitz emphasizes a sense of «flow» that is developed by means of the sustained effort to read and understand great books. Roche emphasizes the «intrinsic joy of engaging our faculties».[53] Developing a joy of learning for its own sake is important and relates to intrinsic motivation to learn, being more effective and reliable than extrinsic motivation.[54]

Finally, great books seminars train virtues of character. Many intellectual pursuits presuppose virtues of character and, therefore, it is likely that the two develop together.[55] Among the moral virtues that are presupposed and developed in great books seminars are: integrity or intellectual courage inherent in the possibility of self-correcting one's position in intellectual debate, diligence in preparing for class, resilience («grit») in pursuing understanding of a complex text, focused attention required to parse a complex and meaningful argument, the ability to listen to others.

Overall, being a good physician, or engineer, teacher, consultant, lawyer, etc., ultimately implies being a good human being. A university education should therefore at least in some parts of the curriculum provide students with the opportunity and material to reflect on the richness and complexity of human existence. Great books eminently constitute such materials. They provide for a humanistic education in terms of cultivating the ability to morally deliberate about concrete dilemmas in an integrated way, that is, in light of an enhanced understanding of the good life.[56]

---

[52] Cf. Hitz, Z., *op. cit.*

[53] Cf. Roche, M. W., *op. cit.*, p. 36.

[54] Cf. Baehr, J. *Deep in Thought. A Practical Guide to Teaching for Intellectual Virtues*. Cambridge: Harvard Education Press, 2021.

[55] Cf. Roche, M. W., *op. cit.*

[56] Cf. Brooks, E., Cohen de Lara, E., Sánchez-Ostiz, A. and Torralba, J. M. (eds.), *op. cit.*

4. How to read: Forster's *Where Angels Fear to Tread* as an example[57]

To illustrate the capacity of great books to cultivate ethical reflection and human understanding, a specific literary example is now considered. E. M. Forster's *Where Angels Fear to Tread* provides a valuable narrative through which themes such as friendship, self-knowledge, and personal purpose may be explored. The novel was written in 1904 and gives us a story about an English woman called Lilia who, following the early death of her husband, leaves her daughter with her family-in-law in order to travel to Italy together with her friend Caroline. Once in Italy, Lilia falls in love with the handsome Gino and decides to stay. Her dead husband's family is furious and sends Lilia's brother-in-law Philip to Italy in order to prevent a misalliance and save the reputation of the family. However, Philip arrives too late. Lilia has already married Gino and soon becomes pregnant. She gives birth to a son, but dies in childbirth. At this point, Caroline —Lilia's old friend— travels to Italy hoping to rescue the child from what she perceives will be a difficult life. She is soon joined by Philip, who travels to Italy again, this time with his sister. The story takes several more turns, and has a dramatic ending.

One way to read the story, for ethical purposes, is to focus on the moral development, the relationships, and development of personal purpose of the main character, Philip Herrington. Philip is born in Sawston, a town where everything British is the norm, and raised by his mother who cares more than anything about keeping up appearances. When we first meet Philip in the novel, he is 24 years old, a young man with aesthetic sensibilities and a self-declared lack of character. He laments that he has «a weak face. I shall never carve a place for myself in the world».[58]

Philip comes across as what Hitz, in *Lost in Thought. The Pleasures of the Intellectual Life*, has called a «spectator».[59] A spectator is someone who loves spectacle and is curious in the negative sense of the word. The word can be applied to the tourist who visits places merely for entertainment and consumption, without the attempt —as Hitz puts it— to reach for something beyond, an opportunity for growth, healing, understanding or awe at something greater than oneself. The spectator has a desire for being entertained for entertainment's sake, for the thrill of a shocking story, for other people's misery. There is something nihilistic about the spectator; it is a form of empty thrill seeking and there is a lack of moral seriousness. The spectator, as Hitz argues, is «trapped at the surfaces of things».[60]

---

[57] This section is loosely based on a keynote that the author delivered during the Association for Core Texts and Courses annual conference in Dallas, TX, April 2023.

[58] Forster, E. M. *Where Angels Fear to Tread*. London: Penguin Classics, 2007, p. 51.

[59] Cf. Hitz, Z., *op. cit.*

[60] Ibid., p. 141.

In *Where Angels Fear to Tread*, Philip idealizes Italy and, at the beginning of the novel, advises Lilia to see the little towns, visit lake Como and the cathedral of Milan, and meet the people. He says: «Love and understand the Italians, for the people are more marvelous than the land».[61] He is described as being intoxicated by the idea of Italy, and proclaims «I do believe that Italy really purifies and ennobles all who visit her».[62] It is a vain observation, because as soon as Philip finds out that Lilia is about to *marry* an Italian, his love for Italy proves to be superficial. Forster writes: «For three years he [Philip] had sung the praises of the Italians, but he had never contemplated having one as a relative».[63] Philip, who has not felt a sense of responsibility in his life, now obeys his mother and travels to Italy with the purpose of preventing the marriage. He tries to dissuade Lilia from the marriage, blaming the glamour of Italy for seducing her. But she tells him that she intends to remain with Gino for love. Philip then turns to Gino and insults him by offering some money to leave Lilia alone, whereupon Gino reveals that they are already married. The altercation where Gino forcefully pushes Philip to the ground represents a culture clash between, on the one hand, a British Edwardian upper middle-class mentality with its conventions, double standards, hypocrisies and, on the other hand, Italian lower-middle-class conventions and values, the sense of honor and heartfelt emotions. Intercultural communication, we may say, comes with complications.

Lilia's marriage turns out to be an unhappy one as the romance wears off quickly and she feels trapped in the Italian village and by the patriarchal disposition of her husband. Lilia loses self-confidence, tries her hand at becoming a Catholic, and becomes pregnant as an attempt to secure her unfaithful husband. She gives birth to a boy, but tragically dies in childbirth.

At this point, Philip finds himself completely disillusioned with Italy and the idea that the beauty of Italy can transform people. Forster writes: «Italy, the land of beauty, was ruined for him. She had no power to change men and things who dwelt in her. She, too, could produce avarice, brutality, stupidity—and what was worse, vulgarity».[64] However, once he is told to go return to Italy once more in order to «rescue» Lilia's son from Gino so that the baby can be brought up the English way, he recovers some of his spectator sensibilities because «the expedition promised to be highly comic. He was not averse to it any longer; he was simply indifferent to all in it except the humors».[65]

---

[61] Forster, E. M., *op. cit*, p. 3.

[62] *Ibid.*, p. 6.

[63] *Ibid.*, p. 14.

[64] *Ibid.*, p. 52.

[65] *Ibid.*, p. 69.

Philip shows himself wonderfully immune to the moral seriousness of the situation. To Philip, everything can still be regarded as mere entertainment.

This is where Lilia's friend, Caroline, comes in. Caroline has decided to return to Italy out of a genuine concern for the baby. Philip observes that Caroline «really cared about life, and tried to live it properly».[66] When they meet, they muse on the beauty of Italy together, and «anger, cynicism, stubborn morality —all had ended in a feeling of goodwill towards each other and towards the city which had received them».[67] Caroline sees right through Philip «And you —your brain and your insight are splendid. But when you see what's right, you're too idle to do it».[68] Philip responds by saying: «you are quite right: life to me is just a spectacle».[69] Caroline continues by reflecting that «There's never any knowing —how am I to put it?— which of our actions, which of our idlenesses won't have things hanging on it forever».[70] Philip assents to the idea that one's actions and character impact the course of one's life, but he is not yet prepared to take it to heart.

In this vein, without moral urgency, Philip talks to Gino about the baby, knowing that the interview will come to nothing, whereupon his sister Harriet tragically decides to take the matter into her own hand. She steals the baby, but the carriage topples over and the baby dies.

At this point, we encounter at what Bohlin refers to as a «morally pivotal point» in the novel.[71] For the first time, Philip comes to deeply realize the existential nature of his flaws —his spectator life— and takes responsibility. He observes: «It is through me that it happened, because I was cowardly and idle». He decides that «therefore he, and no one else, must take the news of it to Gino».[72] Realizing that Caroline had seen him for who he is, and seeing her comfort Gino, Philip falls in love with her: «There came to him an earnest desire to be good through the example of this good woman. He would try henceforward to be worthy of the things she had revealed. Quietly, without hysterical prayers or banging of drums, he underwent conversion. He was saved... Life was greater than he had supposed, but it was even less complete».[73] Philip decides that he will not go back to his small town. And when Caroline confesses that she is in love

---

66 *Ibid.*, p. 82.

67 *Ibid.*, p. 85.

68 *Ibid.*, p. 109.

69 *Ibid.*, p. 110.

70 *Ibid.*, p. 112.

71 Bohlin, K. E., *op. cit.*

72 Forster, E. M., *op. cit*, p. 122.

73 *Ibid.*, p. 130.

with Gino and not with Philip, «[i]n that terrible discovery Philip managed to think —not of himself but of her».[74]

For Philip, we may say that his travels to Italy were meaningful; he undergoes a moral transformation. But the moral transformation would not have occurred without an experience that involves suffering —namely, holding Lilia's dead baby in his arms— and the moral friendship that he develops with Caroline, a friendship in which Caroline openly confronts him with his own shortcomings. The experience of new things, as Forster shows in the book, creates opportunities for change. For Philip, it was important to leave his hometown and to be away from his dictating mother and the exaggerated concern for keeping up appearances. Also, the beauty of Italy seems to have made him more susceptible to a genuinely human connection. However, we may say that it takes more than mere travel to bring about meaningfulness. Forster shows us that only when something touches Philip's *inner* life, by means of conversations that make him think and touch his heart, that he grows as a person. Meaningfulness is connected to our inner lives, and great books likely have the potential to open up our inner lives perhaps even more than travel does.

Teachers of great books seminars, implicitly or explicitly, hope that the texts that we read with our students matter to them. We wish that the texts are meaningful to them and, perhaps once in a while, even transform them or help them live their lives in a better way. There is increasing evidence in the field of literary studies that what we read changes us, and several paradigms have been defined that help us understand better when and how readers connect to texts so that these become meaningful. For example, there is the phenomenon of recognition, whereby the reader connects to the book on account of feeling «addressed, summoned, called to account» by a character or by a specific plot line. Often, recognition invites self-reflection, and Felski writes: «as selfhood becomes self-reflexive, literature comes to assume a crucial role in exploring what it means to be a person».[75] In all honesty, when I first read *Where Angels Fear to Tread*, when I was about 16, the novel did not work for me in this way. I was too young, I think, to understand or recognize the potential tragedy of Philip's life. I focused more on the character of Lilia, but in a dismissive way, thinking that she was being a bit foolish. I missed the complexity of the novel. However, it is in re-reading the novel with students that I have come to appreciate the way in which Forster presents his characters and, through them, invites the reader to experience Philip's moral transformation with him.

---

[74] *Ibid.*, p. 133.

[75] Felski, R. *Uses of Literature*. Oxford: Blackwell Publishing, 2008, p. 25.

Profoundly transformative experiences may depend on serendipity, where the reader comes across the book at the right moment in one's life, and where the encounter is a powerful one. The beauty about a liberal education by means of great texts seminars is that the possibility of such experiences —whether more or less transformative— becomes part of a formal education. However, oftentimes great books seminars do not result in moral epiphanies. Literary texts such as Forster's *Where Angels Fear to Tread* invite discussion about who we are and how we live our lives. This meets important needs of today's students. Unlike Philip, who initially seemed rather comfortable as a spectator, students sometimes have a kind of existential anxiety and are struggling with the threat of meaninglessness. As Montás argues: «this is precisely where the greatest value of a liberal education lies: in turning students' eyes inward, into an exploration of their own humanity under the provocation of works that have proven their power to inspire just such self-reflection».[76] As such, liberal education is an education not for making a living but, rather, for living meaningfully.

In the classroom, one may guide the discussion by asking the following questions:

1. Why did Forster title his book *Where Angels Fear to Tread?* One may note that the title is an allusion to a line in a poem by Alexander Pope: «Fools rush in where angels fear to tread», which opens up themes of cultural arrogance, moral blindness, and unintended harm caused by seemingly noble intentions.
2. Where and when is the novel set? Students should note that the novel takes place both in England and in Italy, and that both countries are shown to differ in culture, habits, relationships, and outlook on life. What is the significance of the culture clash for the plot of the novel? And in what way does it impact the main character Philip's moral development?
3. One could then turn to the different characters —Philip, his mother Mrs. Harriton, his sister Harriet and sister-in-law Lilia, their friend Caroline, and the Italian Ginio— and ask the students to trace their moral development or the lack thereof. In particular, what are the morally pivotal points in Philip's life? Where are the other characters, such as Caroline, when these happen? How do Philip's journeys toward self-knowledge and virtue intertwine with one another? What is Philip's relationship to his mother, Mrs. Harrinton, and what role does she play in his moral development? Overall, which of the characters in the novel have the most reliable judgement?
4. An important theme to discuss is the impact of suffering and guilt on moral development. In Philip's case, the impetus for awareness about his character and consequences of his actions is a terrible event. In what ways can the shock of suffering serve as occasion for moral growth?

---

[76] Montás, R., *op. cit.*, p. 19.

5. Another important theme is the relationship between Philip and Caroline. Caroline, as Philip's friend, does not hesitate to confront him with his moral shortcomings. Is this something friends should do? What can we learn from this relationship about friendship, self-knowledge, virtue, and personal purpose?

Forster's *Where Angels Fear to Tread* is likely to resonate with students, who are close in age to the protagonist and may find its themes of friendship, self-knowledge, and personal purpose particularly meaningful. The novel could be effectively paired with F. Scott Fitzgerald's *The Great Gatsby*, which explores parallel themes such as developing a sense of self, the complexities of friendship and love, and the pursuit of happiness amid a world preoccupied with superficial beauty. Alternatively, Forster's novel might be paired with novels that explore self-discovery, moral growth, and the quest for purpose within the framework of cultural conflict. One such example is Hella Haasse's *The Black Lake*, which is a coming-of-age story of an unnamed Dutch boy who grows up in the Dutch East Indies (modern-day Indonesia) during the final years of Dutch colonial rule. He forms a deep childhood friendship with a Javanese boy named Oeroeg. As the boys grow older, the socio-political and racial divisions of colonial society set them apart. The main character's moral journey is one of increasing and painful self-awareness whereby he gradually realizes his alienation from both his friend and the country he once called home. Like Forster's *Where Angels Fear to Tread*, Hella Haasse's *The Black Lake* is a novel about friendship, the clash of cultures, and journey towards self-awareness, to which Haasse adds the theme of (de-)colonialization.

5. Concluding remarks

Whatever great book a teacher selects to read and discuss with students, a liberal education based on great books seminars remains an important pathway towards offering a formative university education. Great books seminars cultivate the intellectual, ethical, and civic capacities that students need to develop intellectual independence and navigate a complex world. Great books seminars are promising tools for fostering the development of students as whole persons —individuals who are not only prepared for professional success, but who have grown in their intellectual abilities, sense of purpose, and willingness to engage in reasoned debate, listen to others, develop empathy, and take on different perspectives. As such, great books seminars help equip students to contribute thoughtfully to democratic life. Great books seminars invite students into a shared conversation across time and place. In doing so, a liberal education based on great books seminars affirms the university's responsibility not only to train minds, but also to shape citizens and human beings capable of living meaningfully with and among others.

Bibliography

General Education in a Free Society. Report of the Harvard Committee. Cambridge: Harvard University Press, 1945.

Arendt, Hannah, *Between Past and Future. Six Exercises in Political Thought.* New York: Viking Press, 1961.

Aristotle, *The Politics and the Constitution of Athens.* Transl. B. Jowett and J. Barnes. Cambridge: Cambridge University Press, 1996.

Arnett, Jeffrey Jensen, *Emerging Adulthood: The Winding Road from the Late Teens through the Twenties.* New York: Oxford University Press, 2015.

Baehr, Jason, *Deep in Thought. A Practical Guide to Teaching for Intellectual Virtues.* Cambridge: Harvard Education Press, 2021.

Baena Molina, Rosalía, «Reading for pleasure. From narrative competence to character education». In E. Brooks, E. Cohen de Lara, A. Sánchez-Ostiz and J.M. Torralba (eds.), *Literature and Character Education in Universities. Theory, Method, and Text Analysis.* London: Routledge, 2021, pp. 17-33.

Bohlin, Karen E., *Teaching Character Education through Literature. Awakening the Moral Imagination in Secondary Classrooms.* London: Routledge, 2005.

Bok, Derek Curtis, *Higher Expectations. Can Colleges teach what they need to know in the 21st Century?* Princeton: Princeton University Press, 2020.

Brant, Jonathan, Brooks, Edward and Lamb, Michael, *Cultivating Virtue in the University.* Oxford: Oxford University Press, 2022.

Brooks, David, «The Organization Kid». *The Atlantic*, April 2001.

Brooks, Edward, Cohen de Lara, Emma, Sánchez-Ostiz, Álvaro, and Torralba, José María (eds.), *Literature and Character Education in Universities. Theory, Method, and Text Analysis.* London: Routledge, 2021.

Cicero, *On Duties.* Transl. M.T. Griffin and E.M. Atkins. Cambridge: Cambridge University Press, 2003.

Cicero, *Pro Archia Poeta.* In R.M. Gamble (ed.), *The Great Tradition. Classic Readings on What it means to be an Educated Being.* Wilmington: ISI Books, 2017.

DeNicola, Daniel R., *Learning to Flourish. A Philosophical Exploration of Liberal Education.* New York: Continuum, 2012.

Deresiewicz, William, *Excellent Sheep. The Miseducation of the American Elite and a Way to a Meaningful Life.* New York: Free Press, 2015.

DiYanni, Robert, *You Are What You Read. A Practical Guide to Reading Well.* Princeton: Princeton University Press, 2021.

Felski, Rita, *Uses of Literature.* Oxford: Blackwell Publishing, 2008.

Forster, Edward Morgan, *Where Angels Fear to Tread.* London: Penguin Classics, 2007.

Hitz, Zena, *Lost in Thought. The Hidden Pleasures of an Intellectual Life.* Princeton: Princeton University Press, 2020.

Jaeger, Werner, *Paideia: The Ideals of Greek Culture.* Vol. I. Transl. G. Highet. Oxford: Oxford University Press, 1939/1967.

Jubilee Centre for Character and Virtues, «Character Education in Universities. A Framework for Flourishing», 2020.

Kakutani, Michiko, *The Death of Truth.* New York: Wiliam Collins, 2019.

Kimball, Bruce A., *Orators and Philosophers. A History of the Idea of a Liberal Education.* New York: Teachers College Press, 1986.

Kronman, Anthony T., *Education's End. Why our colleges and universities have given up on the meaning of life.* New Haven: Yale University Press, 2007.

NEWMAN, John Henry, *The Idea of a University*. New Haven: Yale University Press, 1996.

NUSSBAUM, Martha C., *Cultivating Humanity. A Classical Defense of Reform in Liberal Education*. Cambridge: Harvard University Press, 1997.

NUSSBAUM, Martha C., *Not for Profit. Why Democracy needs the Humanities*. Princeton: Princeton University Press, 2010.

MONTÁS, Roosevelt, *Rescuing Socrates. How the Great Books Changed My Life and Why They Matter for the Next Generation*. Princeton: Princeton University Press, 2021.

ORTEGA Y GASSET, José, *The Mission of the University*. New York: Routledge, 2014.

PLATO, *The Republic*. Transl. T. Griffith. Cambridge: Cambridge University Press, 2000.

PLATO, *Theaetetus*. In J.M. COOPER (ed.). *Plato. Complete Works*. Transl. M. J. Levett, rev. M. Burnyeat. Indianapolis: Hackett Publishing, 1997, pp. 157-234.

PLATO, *Gorgias*. In J.M. COOPER (ed.). *Plato. Complete Works*. Transl. D. J. Zeyl. Indianapolis: Hackett Publishing, 1997, pp. 791-869.

PLATO, *Apology*. In *The Last Days of Socrates*. Transl. H. Tredennick. London: Penguin, 2003.

ROCHE, Mark William, *Why Choose the Liberal Arts?* Notre Dame: University of Notre Dame, 2010.

SÁNCHEZ-OSTIZ, Álvaro and TORRALBA, José María, «Intellectual and ethical education of university students through core texts seminars: The case of the great books program at the University of Navarra». *Church, Communication and Culture* 9(2), 2024, pp. 345-360.

SANDEL, Michael J., *The tyranny of merit. What's become of the common good?* New York: Penguin, 2001.

SAYERS, Dorothy, *The Lost Tools of Learning: Symposium on Education*. Edinburgh: CrossReads Publications, 1947.

STAPLEFORD, Thomas A., «The Program of Liberal Studies after 65 Years. Blending Scholarship and Core Texts at a Research University». In E. COHEN DE LARA and H. DROP (eds.), *Back to Core. Rethinking Core Text in Liberal Arts & Sciences Education in Europe*. Wilmington: Vernon Press, 2017.

STEEL, Sean, *The Pursuit of Wisdom and Happiness in Education. Historical Sources and Contemplative Practices*. Albany: SUNY Press, 2014.

TORRALBA, José María, «La idea de educación liberal. De cómo se inventaron las humanidades». In J. ARANA (ed.), *Falsos Saberes. La suplantación del conocimiento en la cultura contemporánea*. Madrid: Biblioteca Nueva, 2013, pp. 65-78.

TORRALBA, José María, «Character and Virtue in Liberal Education». In M.A. PETERS, *Encyclopedia of Educational Philosophy and Theory*. Springer Nature, 2020.

TORRALBA, José María, *Una Educación Liberal. Elogio de los grandes libros*. Madrid: Encuentro, 2022.

Emma COHEN DE LARA

LAS RAZONES QUE EL CORAZÓN PUEDE ENTENDER. EL SURGIMIENTO DE NUEVAS SENSIBILIDADES EN TORNO A LA IDEA DE «EDUCACIÓN LIBERAL»

David LUQUE

Universidad Complutense de Madrid
dluque@ucm.es
Núm. ORCID: 0000-0002-3809-5186

Vannesa HORTAL DE LUCAS

Universidad Complutense de Madrid
vhortal@ucm.es
Núm. ORCID: 0000-0001-8864-8036
DOI: 10.60940/comprendrev27n2id9900237

Article rebut: 13/06/2025
Article aprovat: 17/09/2025

Resumen

Este artículo examina el resurgimiento de la educación liberal que tuvo lugar a partir de la reconfiguración moderna de la teoría educativa, obrada por John Henry Newman y el *Great Books Movement*. A partir de sus interpretaciones de naturaleza cognitivista y libresca surgieron otras sensibilidades nuevas que ampliaban los límites de comprensión de la teoría educativa. Entre todas las disponibles, nos hemos centrado en las aportaciones de Iris Murdoch, Maxine Greene y Martha Nussbaum que conducen a un estudio de «atención amorosa», «imaginación democrática» mediada por el arte e «imaginación narrativa» o «imaginación compasiva». Así, la educación liberal se revela como un proceso orgánico que integra intelecto, ética y política para habitar el mundo con mayor compromiso y responsabilidad.

Palabras clave: educación liberal, Great Books Movement, ética, estética, política.

Reasons the Heart Can Understand: The Emergence of New Sensibilities Around the Idea of «Liberal Education»

Abstract

This article examines the resurgence of liberal education that occurred from the modern reconfiguration of educational theory wrought by John Henry Newman and the Great Books Movement. From their cognitivist and bookish interpretations emerged other new sensibilities that expanded the boundaries of understanding educational theory. Among all those available, we have focused on the contributions of Iris Murdoch, Maxine Greene and Martha Nussbaum leading to a study of «loving attention», the art-mediated «democratic imagination» and the «narrative imagination» or «compassionate imagination». Thus, liberal education is revealed as an organic process that integrates intellect, ethics and politics to inhabit the world with greater commitment and responsibility.

Key words: liberal education, Great Books Movement, ethics, aesthetics, politics.

1. Hermenéutica de la idea de «educación liberal» desde los márgenes.

El resurgimiento del interés por la teoría de la educación liberal en la actualidad está muy ligado tanto a la relevancia que ha cobrado el pensamiento de san John Henry Newman en el ámbito de la filosofía de la educación,[1] como a la proliferación de investigaciones y experiencias educativas vinculadas al *Great Books Movement* que nació en la Universidad de Columbia.[2] Casi como una consecuencia necesaria de la atención prestada a estos dos focos de irradiación, el imaginario pedagógico contemporáneo ha asumido una interpretación de la educación liberal marcada por tres atributos básicos, al menos.

---

[1] Cf. Luque, D. y López-Gómez, E. Metáforas de la educación universitaria. *Teoría de la educación. Revista Interuniversitaria* (Salamanca) 30(2), 2018, pp. 247-266; Luque, D. Newman, MacIntyre y nosotros: agonía y universidades en el siglo xxi. *Bordón. Revista de Pedagogía* (Madrid) 70(4), 2018, pp. 89-101; Luque, D. *Veritatis Gaudium.* O sobre el deseo de que todos sean uno. *Sophia* (Roma) 2, 2019, pp. 187-201; Luque, D. La «unidad» en las teorías de la educación católicas del siglo xix: en torno a Antonio Rosmini y John Henry Newman. *Revista española de teología* (Madrid) 79, 2019, pp. 191-208.

[2] Cf. Torralba, J. M. La importancia del Core Curriculum: educación humanística a través de los grandes libros. *Nueva revista de cultura, política y arte* (Madrid) 180, 2021, pp. 44-55; Torralba, J. M. *Elogio de los grandes libros.* Madrid: Encuentro, 2022; Pascual Martín, A. Estudio introductorio. Una educación general en la universidad. *La educación superior en América.* Pamplona: EUNSA, 2021, pp. 11-58.

El primero sería que la educación liberal es un fin en sí mismo, es decir, que los estudios universitarios no se eligen por razones que tendrían que ver con su futura amortización en forma de dinero, fama o poder, sino por el puro placer que proporciona aprender.[3] De aquí se derivaría el hecho de que esta forma de interpretar el fenómeno educativo concede una primacía indiscutible a un tipo de educación del intelecto que haría posible a los estudiantes captar la realidad que se desea conocer en toda su completitud y su profundidad. El tercer atributo se encontraría en una teoría curricular donde ese acceso a la realidad parecería tener que estar mediado por un canon de grandes libros clásicos que habrían constituido el contenido de la tradición y que se transmitiría de generación en generación como un tipo de herencia cultural.[4]

Sentadas estas bases, acaso la definición que ha tenido mayor fortuna a la hora de condensar las características anteriores se encuentra en los escritos educativos del filósofo político Leo Strauss. En ella, la educación liberal se vincula a una interpretación etimológica de la palabra «cultura» como aquella zona que sería necesario cultivar a fin de que la vida florezca. En sus propias palabras:

> La educación liberal es la educación en la cultura o para la cultura. El producto terminado de una educación liberal es un ser humano cultivado. «Cultura» (del latín: *cultura*) quiere decir en primer lugar agricultura: el cultivo de la tierra según su naturaleza. «Cultura» en su sentido derivado, y en la actualidad el principal, quiere decir el cultivo de la mente, el cuidado y el mejoramiento de las facultades innatas de la mente según su naturaleza.[5]

Ahora bien, con el fin de proporcionar una idea más precisa de la interpretación de la educación liberal que se puede encontrar hoy en diversos escritos, tanto en lo referente a su dimensión teórica como práctica, habría que realizar una serie de puntualizaciones respecto a todo el cuerpo argumental anterior —aun asumiéndolo como por válido. Por concretar, podríamos nombrar dos puntualizaciones fundamentales para articular la perspectiva desde la que se abordará este ensayo y que ampliarían los márgenes de lo que se entiende hoy por esta teoría.

La primera tiene que ver con la importancia concedida a la dimensión intelectual como fin casi exclusivo de la educación liberal. Si bien parece casi indiscutiblemente aceptado que toda educación —especialmente la liberal— conlleva una transmisión de conocimientos que origina una forma *mentis*, también lo es que se abre con la misma intensidad a otras dimensiones humanas educables, sin que de ello quepa deducir una disminución de su fidelidad al depósito de la misma tradición pedagógica. Parte del

---

[3] Cf. Ordine, N. *La utilidad de lo inútil.* Barcelona: Acantilado, 2013.

[4] Cf. Montás, R. *Rescuing Socrates. How the Great Books changed my life and why they matter for a new generation.* Princeton: Princeton University Press, 2021.

[5] Strauss, L. *Liberalismo antiguo y moderno.* Madrid: Katz, 2007, p. 37.

desarrollo de esta puntualización se podría encontrar en los escritos de los filósofos de la educación Richard S. Peters y Paul Hirst, quienes, al remontarse a la «tradición» platónica para comprender la implicación del concepto de «educación», revelaron que las infancias que han sido educadas únicamente en un área de conocimiento veían cómo se desarrollaban tanto sus otras áreas cognitivas como todas las dimensiones de su estructura humana susceptibles de maduración.[6]

La segunda puntualización que cabría realizar se refiere al riesgo de terminar identificando toda interpretación de la educación liberal con el *Great Books Movement*. Aunque es cierto que una selección cuidadosa de libros constituye el trasfondo sobre el que se dibujan los distintos modelos de educación liberal, no lo es menos que la metodología específica de los seminarios de discusión y la lectura cronológica de obras no tiene por qué ser un rasgo idiosincrático de toda interpretación de esta teoría educativa. De hecho, Newman se mostró receloso de esta tendencia que comenzaba a extenderse en la misma Inglaterra victoriana, y tendió a conceder más atención a las posibilidades pedagógicas de la influencia personal que a los efectos de la lectura. De otra parte, cuando Oakeshott hablaba de una herencia cultural que debía ser transmitida, no dudaba en subrayar que sus postulados no estaban constituidos solo por libros, sino también por emociones y experiencias: «una herencia de sentimientos, emociones, imágenes, visiones, pensamientos, creencias, ideas, interpretaciones, emprendimientos intelectuales y prácticos, lenguajes, relaciones, organizaciones, cánones y máximas de conducta, procedimientos, rituales, habilidades, obras de arte, libros, composiciones musicales, herramientas, artefactos y utensilios».[7]

En vista de todo lo anterior, lo que nosotros entendemos por educación liberal aquí sería el proceso pedagógico por el cual una persona asimila de manera antropológicamente orgánica la alta cultura propia de una comunidad y de un tiempo histórico determinado, a fin de comprender la realidad y relacionarse con ella. Si esta descripción resulta útil en algún sentido, es debido a que contribuye a ampliar las zonas de comprensión de la teoría educativa, siquiera mínimamente. El resultado es que la ampliación de sus márgenes permite percibir de un modo orgánico nuevas sensibilidades de la educación liberal que no la abordan frontalmente, o que no se adscriben a ninguna de las tradiciones referidas anteriormente. Dicho de otra manera, la ampliación de la comprensión de la teoría de la educación liberal hace posible incorporar a su interpretación nuevas voces que enriquecen sus posibilidades pedagógicas al aportar nuevas sensibilidades.

---

[6] Cf. Hirst, P. La educación liberal y la naturaleza del conocimiento. *Filosofía de la educación.* Ciudad de México: Fondo de Cultura Económica, 2004, p. 162.

[7] Oakeshott, M. *La voz del aprendizaje liberal.* Madrid: Katz, 2009, p.70.

Con el fin de subrayar que este desarrollo en la interpretación de la educación liberal no constituye un elemento extraño o meramente anecdótico en su relación con la tradición precedente, la estructura del presente ensayo se compone de dos partes. La primera analiza los grandes ejes estructurantes que supusieron el paso de la comprensión teórica de la educación liberal a la actualidad, que se concretan en las ideas de John Henry Newman y en las distintas realidades en que se encarnó el *Great Books Movement.* La segunda parte atenderá a una pequeña selección de autores representativos que hace nacer otros atributos de la educación liberal, los cuales ocupaban un segundo plano residual en las formulaciones precedentes y, de ese modo, permiten ampliar los márgenes de la comprensión que tenemos hoy. Estas voces serán las de Iris Murdoch, quien procede del mundo oxoniense en que Newman fue siempre una presencia incuestionable por sus sermones y su papel protagonista en el *Oxford Movement;* Maxine Greene, cuya influencia y magisterio se desarrolló en una Universidad de Columbia que intentaba imbricar la tradición de los grandes libros con el pragmatismo pedagógico; y Martha Nussbaum, cuyo núcleo de pensamiento se ha desarrollado en la Universidad de Chicago, donde el Great Books Movement intentó institucionalizarse.

2. Dos principales tradiciones de interpretación de la educación liberal

No parece necesario argumentar que la historia de la educación liberal nace con las primeras interpretaciones sobre el fenómeno de la educación que se hicieron en los orígenes de la humanidad y, desde ahí, es posible trazar un recorrido que llega hasta nuestros días.[8] No obstante, resulta asentada la idea de que, en el paso que la teoría de la educación liberal da a la modernidad contemporánea, hay dos grandes tradiciones interpretativas que han destilado al presente todo ese depósito contenido en los siglos precedentes: una sería la tradición gnoseológico-teológica, configurada por el pensamiento de John Henry Newman y que permea toda la red basilar que supone el sistema universitario católico hoy, y otra sería la tradición del movimiento de los Great Books,[9] enarbolada como la interpretación norteamericana de la educación liberal que se ha extendido por el resto del mundo hoy.[10] Aunque ambas comparten rasgos suficientes como para sostener que pertenecen a una misma tradición educativa, tales como la concepción de la educación como fin en sí misma y su rechazo a instrumentalizar la educación, tienen atributos idiosincráticos lo bastante diversos como para proceder a un análisis diferenciado. Tal es el objetivo que justifica este primer epígrafe.

---

[8] Cf. Kimball, B. A. *Orators & Philosophers. A history of the idea of Liberal Education.* Nueva York: The College Board, 1995.

[9] Cf. Luque, D. «Veritatis Gaudium. O sobre el deseo de que todos sean uno», *op. cit.*

[10] Cf. Pascual Martín, A. «Estudio introductorio. Una educación general en la universidad», *op. cit.*

1.1. John Henry Newman y la tradición gnoseológica-teológica

Si hubiera que determinar con precisión quién fue el gran artífice de la reconfiguración de la educación liberal en el imaginario pedagógico contemporáneo, ese fue el santo inglés John Henry Newman. Como en un modo de proceder que ya había ensayado al abordar el estudio de la conciencia moral o el desarrollo de la doctrina cristiana, el cardenal aisló la formación de la mente como el rasgo idiosincrático de la educación liberal a lo largo de su historia y la situó en el ámbito de la experiencia personal como la capacidad de aprehender correlativamente la realidad visible e invisible del mundo, gracias a un plan de estudios donde la teología ocupaba un lugar de especial influencia. Parte del éxito de su filosofía educativa estriba en que supo confrontar este ideal con los primeros brotes de un utilitarismo y un especialismo que, en la actualidad, se han asentado como principios de la idea de universidad que distorsionan su interpretación teleológica clásica. Como señaló el filósofo escocés Alasdair MacIntyre, Newman desarrolló más una gnoseología que un tratado de pedagogía al uso.[11] En este sentido, el jesuita canadiense Bernard Lonergan, S. J. denominó «Teorema de Newman» a la dimensión negativa de sus argumentos, cuando el santo sostenía que hay una deformación de la mente de los estudiantes cuando se forman en planes de estudio que eliminan la presencia de la teología.[12] Sea como fuere, la filosofía educativa de Newman puede condensarse en un silogismo que constaría de cuatro partes.

En la primera parte se diría que, en virtud del papel de Dios como creador de la realidad mantendría dos posiciones respecto de lo creado: una completa autonomía de la realidad que tiene que ver con su señorío y su independencia existencial respecto de la creación, y una profunda intimidad a todo lo creado —por cierto, que el lenguaje teológico ha descrito bajo la acepción de «creación continua». La segunda parte traduciría las observaciones anteriores a un plano epistemológico: al abstraerse en una ciencia, todo elemento de la realidad se condensa en un campo científico que posee un objeto de conocimiento específico al que se accede mediante metodología propia que se describe con un lenguaje particular. Por extensión, Dios se traduciría epistemológicamente en la teología y aquellos lugares que ocupaba en la creación debido a su carácter creador son ahora extrapolados a la posición que ocuparía la teología en el círculo o el árbol de conocimiento: sería la teología una ciencia con sentido en sí misma que ocuparía el lugar más importante por tratar de Dios, y, al mismo tiempo, poseería una presencia íntima en cada otra ciencia que serviría para corregir los posibles excesos lógicos en que puede incurrir la razón. La tercera parte del silogismo se situaría ya en el terreno de lo pedagógico a través de una teoría curricular que traduciría el argumentario anterior a un plan

---

[11] Cf. MacIntyre, A. *Dios, filosofía, universidades. Historia selectiva de la tradición filosófica católica.* Madrid: Nuevo Inicio, 2012.

[12] Cf. Lonergan, B. *Conocimiento y aprendizaje.* Ciudad de México: Universidad Iberoamericana, 2008.

de estudios —incluso, a una comprensión viva del claustro de profesores—: cada ciencia se correspondería con una asignatura del plan de estudios, y no habría plan de estudios completo y universal si no se incluyera la teología como una cátedra de conocimiento que puede ser cultivada e impartida; por extensión, el cuerpo de profesores contaría con un representante de cada una de esas ciencias como voz viva de ese área de conocimiento. La conclusión del silogismo se puede enunciar tanto de forma positiva como negativa —por usar la misma aproximación que articuló el padre Lonergan, S.J.—: cuando un estudiante se forma en un contexto de educación liberal que cumple con las premisas anteriores, entonces, adquiere un intelecto integral que le permite comprender la realidad no solo en toda su extensión, sino también en la profundidad invisible que se esconde en lo creado; cuando se prescinde de lo teológico como ciencia de Dios y como dimensión formativa, entonces la mente de los estudiantes deviene distinta, porque no es capaz de captar la realidad de las cosas en toda su extensión y profundidad.

Como es posible observar, los términos en que se expresó Newman constituyen una articulación gnoseológica-teológica de la educación liberal: destacan las posibilidades que proporciona la inclusión de la teología en la teoría de la educación liberal para formar la mente de los estudiantes. Este modo de entender la educación liberal irrigará gran parte de las interpretaciones posteriores, aunque el componente teológico se desdibuja fuera de los contextos eclesiológicos para situar el acto de la lectura en el centro, como sucedió en el *Movimiento de los Grandes Libros.*

1.2. El movimiento de los Great Books y la tradición libresca

Si bien es cierto que se podría reconstruir la génesis del *Movimiento de los Great Books* casi desde la predicación de los sermones parroquiales de Newman y la primavera que supuso el *Oxford Movement* a través de la teoría cultural de Matthew Arnold,[13] no es menos cierto que la configuración inicial y sus perfiles más idiosincráticos deben atribuirse sin ambages a John Erskine, cuyo magisterio se diseminó posteriormente en algunas de las universidades que hoy siguen siendo los grandes adalides de una educación liberal en el mundo y que conforman parte de la Ivy League.[14]

En efecto, Erskine fue el artífice de la configuración del primer *seminario de Grandes Libros* que tuvo lugar en Columbia University.[15] Según su propio relato, quería que los estudiantes mantuvieran con los grandes clásicos de la literatura que componen el canon occidental la misma relación de entusiasmo y expectativa que sostenían con las

---

[13] Cf. Arnold, M., *Cultura y anarquía*. Madrid: Cátedra, 2010.

[14] Cf. Haarlow, W. N. *Great Books, Honors Programas and Hidden Origins. The Virginia Plan and the University of Virginia in the Liberal Arts Movement*. Londres: Routledge Falmer, 2003.

[15] Cf. Erskine, J. *My life as a teacher*. Filadelfia: J. B. Lippincott Company, 1948.

novedades editoriales o discográficas del momento. Bajo este amparo argumentativo presentó su propuesta en la reunión del departamento que debía aprobar esta solicitud: la organización de un *General Honours* basado en la lectura sistemática de los libros que conforman el canon occidental. Sin embargo, el claustro de profesores rechazó su proposición por irreverente, puesto que consideraban un ultraje esa equiparación que trazaba entre los clásicos literarios con los *best sellers* y el hecho de que se fueran a leer esos textos en un lenguaje vernáculo y no en la lengua original —lo que requería una sólida formación filológica e inspiraba una auténtica actitud de reverencia. Tras este primer rechazo y después de su participación en la Primera Guerra Mundial, Erskine solicitó permiso de nuevo para iniciar el curso y finalmente obtuvo la aprobación, más por su insistencia que por el propio convencimiento del departamento. A grandes rasgos, el curso consistía en seminarios semanales en grupos de no más de quince personas, donde se trataba uno de los clásicos que conformaban el canon que adoptó Erskine, y que era conducido por dos tutores cuyo papel era avivar la discusión a veces por sus posiciones enfrentadas. El resultado del seminario fue tan notable que se extendió por el país norteamericano gracias a que algunos de sus asistentes dirigirían empresas educativas cruciales. Las más importantes podrían concretarse en el People's Institute, la University of Chicago y St. John's College.

La primera extensión del *Great Books Movement* desde Columbia hacia fuera tuvo lugar en un proyecto de educación popular de adultos con sede en el People's Institute. Este era un centro de formación destinado a personas interesadas en adquirir o continuar su educación, sin que ello implicara pretensión alguna de terminar obteniendo un título universitario. Allí colaboraron Scott Buchanan y Mortimer J. Adler, antiguos estudiantes de Erskine en Columbia, quienes, conforme asumieron la responsabilidad de ciertas áreas de gestión en el centro, adoptaron el modelo educativo en que ellos se habían formado como alumnos otrora. El éxito fue inesperado y se extendió más allá de las sesiones formales, alcanzando bares, salones sociales donde los participantes continuaban las discusiones, e incluso en la New York Public Library. Sin embargo, la iniciativa terminaría por languidecer cuando el People's Institute dejó de recibir financiación y tanto Buchanan como Adler se trasladaron a otros espacios.

Adler llegó a la University of Chicago con el objetivo de exportar el modelo que había aprendido en Columbia, respondiendo a la propuesta que le hizo un joven Robert M. Hutchins al poco de asumir la presidencia de la institución. Ambos buscaban infusionar el modelo de los grandes libros dentro de la formación universitaria propia de los *college*, con el fin de socavar los estragos que parecían estar haciendo el utilitarismo y el especialismo cada vez más creciente, que comenzaba a erosionar la herencia oxoniense por influencia de la filosofía humboldtiana. Ante las enormes resistencias que se encontraron entre un profesorado que entendía su docencia de un modo más pragmatista, Hutchins y Adler iniciaron un proyecto editorial al margen, denominado Paideia Proposal, cuya finalidad consistía en acercar los grandes libros a un público amplio a través de su distribución en librerías o quioscos. De este modo, el modelo volvió a constituir casi una empresa de educación popular de adultos que terminó destilando una filosofía educativa integral, organizada en torno al acto central de la lectura de los grandes libros y a la comprensión de la manera en que las grandes ideas de la humanidad se habían desarrollado a través de ellos.[16]

La última zona de expansión fue el St. John's College, que quiso contar con la presencia de Buchanan para reformar su plan de estudios con el fin de aproximarlo a una comprensión renovada de la educación liberal. Lo que hizo Buchanan fue configurar un centro de estudios inspirado en la tradición monástica de la educación liberal: acuñó la expresión de *tutors* para referirse a todos los docentes y subrayar que los verdaderos maestros de la institución eran los autores de los grandes libros del canon occidental; diseñó la conocida como *St. John's book list* que incluía libros de literatura, lingüística, matemática y ciencias; se estableció un sistema de tutorías repartido entre las grandes áreas de conocimiento que complementaban el núcleo de la formación que eran los seminarios de los grandes libros, y se examinaba oralmente a los estudiantes.[17]

A la sazón, lo que se encuentra extendido hoy como «educación liberal» en las universidades norteamericanas no es la herencia directa de este movimiento, sino el resultado de la reforma impulsada en Harvard University, que fue adaptada posteriormente por otras instituciones como la de Chicago, y cuyos principios fundamentales residían en la libertad de elección de los estudiantes entre una diversidad de cursos ofertados por los docentes entre sus mayores especialidades. No obstante, cuando se habla de educación liberal en el plano teórico continúa prevaleciendo la idea de un tipo de formación centrada en una experiencia lectora capaz de configurar la identidad de las personas.

2. Nuevas sensibilidades que emergen en la ampliación de la comprensión de la educación liberal

Aunque la influencia de Newman y del *Movimiento de los Grandes Libros* supone algo así como un sustrato que ha configurado el modo de entender la educación liberal, en la manera en que se han configurado las universidades católicas, los estudios eclesiásticos y las instituciones inspiradas en un humanismo clásico, en la configuración contemporánea de la teoría de la educación liberal han emergido distintas sensibilidades que permiten discernir nuevos horizontes de formación dentro de esta teoría educativa. Esta ampliación de la perspectiva que se produce desde los márgenes puede entenderse tanto por vía negativa como por vía positiva.

---

[16] Cf. Lacy, T. *The dream of a democratic culture. Mortimer J. Adler and the Great Books Idea*. Londres: Palgrave Macmillan, 2013.

[17] Cf. Buchanan, S. *Poetry & Mathematics*. Filadelfia: J. B. Lippincott Company, 1957.

Desde una vía negativa, estas nuevas sensibilidades no terminaban de comprender la concepción de una educación liberal que consistiera únicamente en una formación intelectual y relegara a un segundo plano la formación de otras dimensiones de la experiencia humana. Del mismo modo, criticaban el hecho de que el contenido de teoría educativa estuviera constituido por una lista fija de autores y textos que deberían considerarse incuestionables, lo que adquirió una resonancia mayor al entrar aquí otro tipo de reivindicaciones ideológicas y sociales. En última instancia, se ha rechazado el hecho de que se continúe denominando «educación liberal» a la actual amalgama de cursos dispares ofrecidos por profesores de las universidades de la Ivy League.

Desde una vía positiva, estas nuevas sensibilidades han ampliado los efectos formativos de la educación liberal hacia otras dimensiones humanas, profundizaron en los criterios que justifican la inclusión de determinadas obras en el canon, poniendo el acento en el proceso madurativo de la persona más que en la sacralización del canon en sí mismo, y, con todo ello, han contribuido a aproximar la teoría a sus orígenes más que a sus institucionalizadas concreciones actuales. Esas nuevas sensibilidades pueden observarse en Iris Murdoch, Maxine Greene y Martha Nussbaum.

2.1. Iris Murdoch y la atención amorosa al mundo

La perspectiva de Iris Murdoch está sumamente influida por una cierta fenomenología de la lectura que tomó más del pensamiento de Simone Weil que de la filosofía del lenguaje de Gilbert Ryle, en que se formó durante sus estudios en el Sommerville College de la Universidad de Oxford.[18] A grandes rasgos, ambas autoras comparten la idea de que los seres humanos reaccionan ante la realidad en función de cómo leen e interpretan las situaciones que les rodean en un momento determinado. Esta interpretación del mundo revela una analogía estructural en la forma en que interpretamos un texto escrito: mundo y texto se presentan como realidades que requieren una disposición receptiva y una capacidad de desciframiento que no es inmediata. Cuanto más ricas y refinadas son las habilidades interpretativas de una persona, tanto más profunda puede ser su lectura del mundo.[19]

A partir de las premisas anteriores, Murdoch desarrolla una concepción de la lectura que vincula estrechamente los actos de «atención» y «amor» como si fueran una y la misma cosa: acaso, una cierta disposición ética hacia la alteridad. En esta línea, leer como un marco comprensivo de la filosofía murdochiana no sería tanto un ejercicio de dominio cognitivo como de interpretación o contemplación del mundo que descentraría a la persona de sí misma, suspendería cualquier juicio apresurado y la dispondría a

---

[18] Cf. Bayley, J. *Elegía a Iris.* Barcelona: Elba, 2024.

[19] Cf. Sanches, N. *«Del silencio a la palabra». La ontología del lenguaje en Simone Weil.* Salamanca, Ciudad Nueva, 2022.

ver con atención lo que debe ser amado desinteresadamente —en un acto moral perfectible que terminaría constituyendo el trasunto de su libertad. En sus propias palabras:

> Lo que M está tratando de hacer, *ex hypothesi*, no es solo ver a D con cuidado sino verla con justicia y amor. Nótese la distinta imagen de libertad que esto sugiere de inmediato. La libertad no es el repentino salto de la voluntad aislada dentro y fuera de un lógico complejo impersonal, sino una función de un esfuerzo progresivo por ver claramente un objeto particular.[20]

Así, la «atención» sería la capacidad para percibir la realidad en su desnudez, es decir, tal como merece ser atendida más allá de las proyecciones del ego y a fin de relacionarse con ella de acuerdo con su naturaleza: «He utilizado la palabra "atención" [...] para expresar la idea de una mirada justa y amorosa dirigida a una realidad individual».[21] Más todavía,

> Solo puedo elegir dentro del mundo que puedo *ver*, en el sentido moral de «ver», lo que implica que una visión clara es el resultado de la imaginación y el esfuerzo morales. [...] si consideramos en qué consiste la labor de atención, cómo avanza constantemente y cómo imperceptiblemente edifica estructuras de valor a nuestro alrededor, no nos sorprenderá que en los momentos cruciales de elección la mayor parte del trabajo de elección ya esté hecho.[22]

En este sentido, las novelas —más que ninguna otra forma de expresión científica, artística o filosófica— tienen un poder formativo particular: cuando son leídas con la disposición de dejarse penetrar por su mensaje real, cultivan en el lector la capacidad de mirar el mundo con el mismo cuidado y apertura. Es decir, «debemos volver a lo que sabemos sobre el gran arte y sobre la introspección moral que contiene y los logros morales que representa. La bondad y la belleza no deben oponerse, sino que son en su mayor parte de la misma estructura».[23] Dicho en otras palabras, Murdoch sugiere que hay una continuidad entre el modo en que se entra con atención y humildad en una novela y el proceso mediante el cual se penetra cada vez más profundamente en el misterio de la realidad. En este sentido, una educación liberal —entendida no solo como una aprehensión de la alta cultura, sino como un proceso de transformación interior— consistiría en aprender a mirar el mundo con la misma atención con que se leen las grandes obras literarias, en primera instancia.

---

[20] Murdoch, I. *La soberanía del bien*. Barcelona: Taurus, 2019, p. 105.

[21] *Ibid.*, p. 121.

[22] *Ibid.*, p.125.

[23] *Ibid.*, p.131.

Ante esta propuesta, cabe preguntarse cuál es la actitud fundamental que define esa atención. En el pensamiento de Murdoch, la respuesta es el amor: «Necesitamos una filosofía moral en la que el concepto de amor, tan rara vez mencionado hoy en día por los filósofos, pueda volver a ocupar un lugar central», escribió.[24] El amor, entendido como algo similar a la idea de «compasión», consistiría en la capacidad de atender a las cosas del mundo «bajo una luz de justicia y piedad. La dirección de la atención es, en contra de la naturaleza, exterior, lejos del yo que todo lo reduce a una falsa unidad, hacia la gran y sorprendente variedad del mundo. Y la habilidad de dirigir así la atención es el amor»[25]. Y esa interpretación del amor implicaría una dimensión pedagógica que poseería dos atributos básicos. Uno, la perfectibilidad que hace posible un dinamismo pedagógico y que la novelista oxoniense desarrolló en un marco de comprensión que tenía la expresión evangélica mateana de «sed, pues, vosotros perfectos» su centro vital: «Tengo para mí que la idea de amor surge sin remedio en este contexto. La idea de perfección nos conmueve y probablemente nos cambia (como artistas, trabajadores, agentes) porque inspira amor en nuestra parte más noble. Uno no puede sentir amor puro por un patrón moral mediocre».[26] El otro atributo básico sería, de nuevo, el arte. En sus propias palabras,

> Hay algo, de todos modos, en el serio esfuerzo por mirar con compasión a las cosas humanas que inmediatamente sugiere que «hay algo más que esto». El «hay algo más que esto», si no se corrompe con alguna finalidad cuasi teológica, debe quedar como una diminuta chispa de interioridad, algo, como si dijéramos, con una posición metafísica pero sin forma metafísica. Tengo para mí, sin embargo, que la chispa es real y que el gran arte evidencia su realidad. De hecho, el arte, lejos de ser una diversión lúdica de la raza humana, es el lugar de su más radical interiorización y el centro al que los pasos más inseguros de la metafísica deben regresar constantemente.[27]

En definitiva, Murdoch aporta a la educación liberal la idea de que puede entenderse como una profundización progresiva en el amor como el acto ético por excelencia. «Amor» como «atención compasiva» incrementaría las habilidades hermenéuticas con las que se interpreta el mundo gracias al arte, y, al mismo tiempo, una profundización progresiva de la respuesta ética con que cada persona despliega su acto de amor al mundo. Así, cada nuevo acto de atención amorosa al mundo alumbra nuevos matices insospechados del amor mismo. Aunque el amor no ocupa un lugar tan central en el pensamiento de Maxine Greene como en el de Murdoch, sí encontramos una interpretación

---

[24] *Ibid.*, p. 139.

[25] *Ibid.*, p. 168.

[26] *Ibid.*, p. 161.

[27] *Ibid.*, p. 178.

compartida del arte como fuente de formación integral del ser humano y una interpretación de la imaginación donde la usamos «no para huir del mundo sino para unirnos a él».[28]

2.2. Maxine Greene y el bello despertar de la imaginación

En el cruce de caminos de la Universidad de Columbia —donde germinó el *movimiento de los Grandes Libros* y donde resonó, como un eco persistente, la huella del magisterio de John Dewey— surge la figura de Maxine Greene, como un eslabón perdido entre ambas tradiciones. Greene no se limitó a custodiar la centralidad de las grandes obras artísticas y literarias como tesoros inmutables; más bien, las convoca como umbrales hacia lo posible, como invitaciones a la apertura y a la emancipación. En su pensar, la recepción estética de Dewey se entreteje con una sensibilidad radicalmente democrática, que dialoga con la pedagogía liberadora de Paulo Freire. Así, Greene amplía los límites de la educación liberal al temblor de la pluralidad y el anhelo de comunidades inclusivas, allí donde la experiencia estética se convierte en germen de toma de conciencia compartida.

Lejos de una visión canónica de la educación liberal, el pensamiento de Greene sitúa la experiencia estética y la imaginación en el corazón de la formación humana y ciudadana. No es solo que su discurso se encuentra entreverado de referencias al canon; es, sobre todo, que concibe las obras de arte como espejos y ventanas: espejos en los que los estudiantes pueden reconocerse en la trama de su propio mundo, y ventanas abiertas a significados inesperados y nuevas posibilidades de su propia experiencia. Esta idea es la que estructura su concepción de la educación estética, una forma de apertura hacia lo posible, de ampliación de horizontes y de cuestionamiento del *statu quo*:

> Para mí, como para tantas otras personas, las artes aportan nuevas perspectivas del mundo vivido. Según yo misma los veo y los siento, los encuentros instructivos con las obras de arte se traducen a menudo en una sorprendente desfamiliarización de lo normal y corriente. Aquello que yo misma he asumido inconscientemente —sobre el potencial humano, por ejemplo, [...]— sale frecuentemente a relucir de un modo inesperado al ver una obra de teatro, al contemplar un cuadro o al escuchar a un quinteto de viento. [...] Me descubro a mí misma yendo de descubrimiento en descubrimiento, me doy cuenta de que estoy revisando y, de vez en cuando, renovando los términos de mi propia vida.[29]

[28] *Ibid.*, p. 203.

[29] Greene, M. *Liberar la imaginación. Ensayo sobre educación, arte y cambio social.* Barcelona: Graó, 2005, p. 16.

De todos los valores que se incorporan como nueva sensibilidad en la comprensión contemporánea de la educación liberal, acaso el más fecundo sea la aportación greeneana de la imaginación. En la estética deweyana,[30] la imaginación es la capacidad de resolver creativamente un problema surgido en la experiencia, de reunir partes diversas de una totalidad que resulta insospechadamente significativa. En este marco, lo estético representa esa unidad que emerge de lo fragmentario hasta el todo que configura la experiencia, y aquí la imaginación constituye una forma de conocimiento enraizada en la experiencia y abierta a lo posible. Greene, inspirada por este horizonte pragmatista, comprende la imaginación como la capacidad de percibir el mundo como inacabado, siempre susceptible de transformación. Imaginar, para la filósofa estadounidense, es la capacidad de pensar en lo que no es, en lo no experimentado aún; es romper con la familiaridad de lo cotidiano y mirar el mundo desde nuevas perspectivas. No se trata, por tanto, de una evasión, sino de una apertura radical a lo posible, a lo aún no realizado, a lo que podría ser —o debería— ser de otro modo: «La imaginación no es solo la capacidad de formar imágenes mentales, aunque parcialmente lo es. También es la habilidad de moldear la experiencia en algo nuevo, de crear situaciones ficticias. Es, de igual modo, la capacidad, por medio de un sentimiento de empatía, de ponerse en el lugar del otro».[31]

Ahora bien, lo estético se abre a la dimensión social greeneana marcado por la influencia del pensamiento de Paulo Freire. Greene se emancipa de cualquier comprensión reduccionista del arte concebido como experiencia puramente receptiva o sofisticada, ni como una forma elitista de contemplación desligada de lo vital. De hecho, rechaza toda comprensión que lo asemeje a una transmisión bancaria del conocimiento, ajeno a la vitalidad y al potencial emancipador de la experiencia.

Para ella, el arte es sustancialmente apertura: una invitación a dejarse afectar, a interrogar lo dado y a despertar zonas inexploradas de la subjetividad. La obra artística no solo comunica, sino que incita, sacude y transforma; es capaz de provocar, en quienes la acogen, el impulso de dar forma a sus propias experiencias, de articular fragilidades y vulnerabilidades, y de encontrar palabras para lo que antes era innombrable. En el acto de interpretación estética, los estudiantes no son meros espectadores, sino agentes que, al apropiarse de la obra, reconfiguran su mundo y su modo de estar en él.

Cuando esta experiencia estética se comparte en comunidad, adquiere una dimensión política y ética ineludible: se convierte en acto de humanización y en semilla que incita a participar en lo común. La praxis artística, en diálogo con la praxis freiriana, es aquí una forma de despertar lo posible, de imaginar y construir juntos otros modos de convivencia y sentido. Greene lo expresa así:

---

[30] Cf. Dewey, J. *El arte como experiencia.* Barcelona: Paidós, 2008.

[31] Greene, M. Notas sobre educación estética. *Variaciones sobre una guitarra azul. Conferencias de educación estética.* Edere, 2004, pp. 17-56.

> Me he propuesto la tarea de despertar las imaginaciones de los lectores para que todos podamos dejar atrás las «torres de Babel ilusorias, [...] las intersecciones insólitas de significado, los extraños pasillos de la historia, los ecos inesperados, los humores desconocidos» (Smithson, 1979, p. 67), y alcancemos un cierto acuerdo sobre los nombres y el sentido de las cosas: un acuerdo que nos reúna en comunidad.[32]

En definitiva, aunque Greene no identificó explícitamente su propuesta con la teoría clásica de la educación liberal, existen elementos suficientes para pensar que su trabajo opera, en diálogo crítico, dentro de ese horizonte. Este diálogo cuestiona la permanencia del canon al priorizar la experiencia subjetiva y la apropiación creativa frente a la asimilación. De esta manera, su mayor aporte precipita en una reformulación estética de la educación liberal, encarnada en la experiencia sensible de las obras de arte, y una apertura radical a lo social y político: la construcción de comunidades inclusivas donde se ejerciten la libertad, el juicio y la imaginación.

Tal y como señala Hansen,[33] siguiendo la estela de Greene, la imaginación democrática constituye un eje vertebrador de la educación liberal contemporánea, pues permite ensayar modos de convivencia plural. Esta orientación hacia lo colectivo no constituye un simple añadido a la formación individual, sino su grado más alto de realización: la educación estética, en Greene, se revela como el umbral de una democracia en constante construcción; como una invitación, desde la imaginación, a salir de sí, a entretejer historias, fragilidades y sueños en un tapiz en constante construcción de lo común. La comunidad que emerge de esta experiencia no es la suma de individualidades, sino una constelación de subjetividades en diálogo, capaces de compartir la incertidumbre, la extrañeza y el asombro ante lo que aún no es, pero podría ser.

2.3. Martha C. Nussbaum. La educación liberal como imaginación «narrativa» o «compasiva»

Cuando Nussbaum habla sobre «educación», su filosofía se refiere explícitamente a la teoría de la educación liberal: «una educación superior que cultiva al ser humano en su totalidad para ejercer las funciones de la ciudadanía y la vida en general».[34] Más explícitamente, cuando la filósofa neoyorquina profundiza en su modo de entender la educación liberal lo hace atendiendo al papel que juega en la construcción de una

---

[32] Greene, M., *Liberar la imaginación. Ensayo sobre educación, arte y cambio social.* Barcelona: Graó, 2005, p. 13.

[33] Cf. Hansen, D. Democratic Imagination in the University. *Revista Internacional de Teoría e Investigación Educativa* 1, 2023, pp. 1-9.

[34] Nussbaum, M. C. *El cultivo de la humanidad. Una defensa clásica de la reforma en la educación liberal.* Barcelona: Paidós, 2020, p. 28.

ciudadanía democrática que adquiere la capacidad de lo que denomina «imaginación narrativa» o «imaginación compasiva».

En este modo de comprender la educación liberal ocupa un lugar fundamental el arte. En primera instancia, Nussbaum entiende que cualquier forma de arte puede servir para cultivar las disposiciones básicas de un humanismo cívico. No obstante, sería la literatura, de entre todas las formas de bellas artes, aquella que contribuiría a educar esas disposiciones de un modo más decisivo. ¿Qué tienen los textos escritos de naturaleza artística que no poseen las demás expresiones artísticas? En sus propias palabras:

> El arte de la narrativa tiene el poder de hacernos ver las vidas de quienes son diferentes a nosotros con un interés mayor al de un turista casual, con un compromiso y un entendimiento receptivos y con ira ante la forma en que nuestra sociedad rehúsa a algunos la visibilidad. Logramos ver cómo las circunstancias condicionan las vidas de quienes comparten con nosotros algunas metas y proyectos generales; y vemos que las circunstancias no solo condicionan las posibilidades de las personas hacia la acción, sino también sus aspiraciones y deseos, sus esperanzas y temores.[35]

Aunque la educación liberal es una forma de entender la educación superior en base a la misma definición que proporciona la autora, lo cierto es que sugiere que su cultivo se plantee por diversas vías desde la niñez. En una gran medida, porque es a edades tempranas cuando los niños despliegan una serie de mecanismos que los comienzan a conducir a un cierto narcisismo excluyente, que Nussbaum describe en términos estrictamente freudianos. Algo así como si la repugnancia y el rechazo que han terminado teniendo hacia sus deposiciones físicas debido a la cultura transmitida por sus progenitores termina proyectándose hacia grupos marginados y estigmatizados por considerarlos en la parte de la frontera que cae dentro de lo que se considera impuro. A fin de liberarse de ese narcisismo, Nussbaum sugiere dos vías de carácter didáctico que prepararían el camino hacia la adquisición de disposiciones de orden superior que sería la educación liberal propiamente dicha. Uno sería el juego, que se desarrollaría en un «espacio potencial» donde los participantes colaborarían con otros en un tipo de vínculo liberal que excluiría el miedo a lo extraño y lo vulnerable.[36] El otro sería la escucha de canciones infantiles y la narración de historias desde la infancia. Esa actitud de escucha de tramas que atañen a personas ajenas permitiría que los infantes comenzaran a interiorizar los mecanismos propios de una incipiente empatía como la capacidad de imaginar la vida de otras personas: los «relatos enseñan a los niños a ver una forma humana como recipiente para la esperanza y el miedo, el amor y la

---

[35] *Ibid.*, p.120.

[36] *Cf.* Nussbaum, M. C. *Sin fines de lucro.* Madrid: Katz, 2012, p. 135.

ira, todos sentimientos que ya han conocido. Pero ese maravillarse propio del contar cuentos también evidencia los límites del acceso a sus semejantes con que cada persona se estrella».[37] La conjunción de ambas estrategias en las que los niños aprenderían a «vivir con otros sin ejercer el control»[38] sentaría las bases de la «imaginación narrativa» o «imaginación compasiva»: «Si se han hecho hábito, la empatía y el hacer conjeturas conducen a un cierto tipo de ciudadanía y a una determinada forma de comunidad: la que cultiva una resonancia compasiva hacia las necesidades del otro y entiende el modo en que las circunstancias las condicionan, a la vez que respeta el carácter individual y la intimidad del otro».[39]

La «imaginación narrativa» sería la capacidad de imaginarse cómo son las vidas de otras personas. De seguir con el punto en que quedó suspendida la argumentación previa sobre la capacidad de escuchar historias, ahora, esas narraciones adquirirían una trama cada vez más compleja y sutil cuyas posibilidades morales y políticas acaso solo sean posibles en narraciones escritas.[40] En ese punto, la educación liberal ya no sería solo la capacidad de imaginar la vida de otras personas, sino, además, el movimiento activo hacia una actitud compasiva que provocaría un compromiso por desarrollar un espacio civil y político que atienda las situaciones adversas de otras personas que lo comparten. En términos ya de estricta filosofía educativa, Nussbaum extrapola a la interpretación contemporánea de la educación liberal lo que otrora se desarrolló en el contexto de producción y recepción de las tragedias griegas: la capacidad de ser capaces no solo de imaginar la vida de otros miembros de la humanidad, sino, más todavía, de aquellos miembros cuya suerte la persona que contempla no correría casi sin lugar a dudas.[41] En este sentido, las cuestiones prácticas a las que atiende Nussbaum con el fin de hacer factible su interpretación quedarían enfocadas a una serie de requisitos que deberían poseer las obras seleccionadas en una suerte de cuestionamiento de la composición de un canon fijo e inamovible.

En primera instancia, las obras seleccionadas deberían cultivar la empatía a través de las artes: esta «función pueden cumplirla las obras de arte que se alejen de la época y el lugar de los lectores, aunque no sirve cualquier pieza elegida al azar».[42] En segunda instancia, deberían ser obras que atendieran los puntos más ciegos de cada cultura:

---

[37] Nussbaum, M.C. *El cultivo de la humanidad. Una defensa clásica de la reforma en la educación liberal, op. cit.*, p. 123.

[38] Nussbaum, M. C. *Sin fines de lucro, op. cit.*, p. 138.

[39] Nussbaum, M. C. *El cultivo de la humanidad. Una defensa clásica de la reforma en la educación liberal, op. cit.*, p. 123.

[40] *Ibid.*

[41] *Ibid.*, pp. 126-127.

[42] Nussbaum, M. C. *Sin fines de lucro, op. cit.*, p. 147.

«requiere un olfato más agudo para detectar las áreas de malestar social».[43] A su vez, esto implica comenzar a considerar que la composición del canon debería ser sensible a la voz de las personas que quedan invisibilizadas por las estructuras sociales y políticas de las sociedades, o, como la propia filósofa neoyorquina sostiene: «Dar cabida en nuestra mente a personas que nos parecen extrañas y aterradoras es demostrar una capacidad de apertura y sensibilidad hacia los demás que corre a contrapelo de muchos estereotipos culturales de autosuficiencia».[44] Este dar voz a los sin voz implica, al mismo tiempo, que las obras seleccionadas deben prestarse a una cierta capacidad de perturbar al lector y no dejarlo indiferente ante lo que está contemplando o leyendo: «para que pueda desempeñar su función cívica, a la literatura se le debe permitir, es más, se le debe invitar a que nos perturbe»[45] —y más todavía: «Lo ofensivo no constituye en sí un signo de mérito literario; sin embargo, lo ofensivo de una obra puede ser parte de su valor cívico. La inclusión de obras nuevas y perturbadoras en el currículo se debe evaluar a la luz de estas ideas».[46] Por último, toda educación liberal debería hacerse en el desarrollo de un pensamiento crítico que suscitara la capacidad de formular preguntas críticas: «Deberían ir de la mano la lectura empática y la lectura crítica, en la medida en que nos preguntemos cómo se está distribuyendo y enfocando nuestra simpatía. Aprendemos algo sobre el texto cuando formulamos estas preguntas críticas: captamos su estructura interna con una nueva agudeza, y hacemos más precisa nuestra relación con él».[47]

En suma, la

> promesa política de la literatura es que nos puede transportar, mientras seguimos siendo nosotros mismos, a la vida de otro, revelando las similitudes, pero también las profundas diferencias entre él y yo, y haciéndolas comprensibles o, al menos, acercándose a ello. [...] la gran contribución que tiene que hacer la literatura a la vida del ciudadano es su capacidad de arrancar de nuestras obtusas imaginaciones un reconocimiento de aquellos que no son nosotros, tanto en circunstancias concretas como en la manera de pensar y sentir.[48]

A modo de últimas palabras, pasear entre las ideas de Iris Murdoch, Maxine Greene y Martha Nussbaum nos invita a redibujar los marcos conceptuales sobre los que se sostiene la teoría de la educación liberal, incorporando la educación de la mirada, la

---

43 *Ibid.*

44 Nussbaum, M. C. *El cultivo de la humanidad. Una defensa clásica de la reforma en la educación liberal, op. cit.*, p. 132.

45 *Ibid.*

46 *Ibid.*, p. 133.

47 *Ibid.*, p. 132.

48 *Ibid.*, pp. 147-148.

apertura a la alteridad y el compromiso con un mundo compartido. Estas nuevas sensibilidades, aunque no suponen una ruptura con la tradición, ya no se conforman con la custodia de un canon ni con la labranza solitaria de la mente, sino que apelan a una relectura desde los márgenes que revitalice el sentido esencial de la educación liberal: el cultivo de personas capaces de vivir con lucidez, sensibilidad y responsabilidad.

Referencias bibliográficas

Arnold, Matthew, *Cultura y anarquía*. Madrid: Cátedra, 2010.

Bayley, John, *Elegía a Iris*. Barcelona: Elba, 2024.

Buchanan, Scott, *Poetry & Mathematics*. Filadelfia: J. B. Lippincott Company, 1957.

Dewey, John, *El arte como experiencia*. Barcelona: Paidós, 2008.

Erskine, John, *My life as a teacher*. Filadelfia: J. B. Lippincott Company, 1948.

Greene, Maxine, «Notas sobre educación estética». En *Variaciones sobre una guitarra azul. Conferencias de educación estética*. Ciudad de México: Edere, 2004, pp. 17-56.

Greene, Maxine, *Liberar la imaginación. Ensayo sobre educación, arte y cambio social*. Barcelona: Graó, 2005.

Haarlow, William N., *Great Books, Honors Programas and Hidden Origins. The Virginia Plan and the University of Virginia in the Liberal Arts Movement*. Nueva York: Routledge Falmer, 2003.

Hansen, David, «Democratic Imagination in the University». *Revista Internacional de Teoría e Investigación Educativa* (Madrid) 1, 2023, pp. 1-9.

Hirst, Paul, «La educación liberal y la naturaleza del conocimiento». En *Filosofía de la educación*. Ciudad de México: Fondo de Cultura Económica, 2004.

Kimball, Bruce A., *Orators & Philosophers. A history of the idea of Liberal Education*. Nueva York: The College Board, 1995.

Lacy, Tim, *The dream of a democratic culture. Mortimer J. Adler and the Great Books Idea*. Nueva York: Palgrave Macmillan, 2013.

Lonergan, Bernard, *Conocimiento y aprendizaje*. Ciudad de México: Universidad Iberoamericana, 2008.

Luque, David y López-Gómez, Ernesto, «Metáforas de la educación universitaria». *Teoría de la educación. Revista Interuniversitaria* (Salamanca) 30(2), 2018, pp. 247-266.

Luque, David, «Newman, MacIntyre y nosotros: agonía y universidades en el siglo xxi». *Bordón. Revista de Pedagogía* (Madrid) 70(4), 2018, pp. 89-101.

Luque, David, «*Veritatis Gaudium*. O sobre el deseo de que todos sean uno». *Sophia* (Roma) 2, 2019, pp. 187-201.

Luque, David, «La "unidad" en las teorías de la educación católicas del siglo xix: en torno a Antonio Rosmini y John Henry Newman». *Revista española de teología* (Madrid) 79, 2019, pp. 191-208.

MacIntyre, Alasdair, *Dios, filosofía, universidades. Historia selectiva de la tradición filosófica católica*. Granada: Nuevo Inicio, 2012.

Montás, Roosevelt, *Rescuing Socrates. How the Great Books changed my life and why they matter for a new generation*. Princeton: Princeton University Press, 2021.

Murdoch, Iris, *La soberanía del bien*. Barcelona: Taurus, 2019.

Newman, John Henry, *Auge y progreso de las universidades*. Madrid: Encuentro, 2024.

Nussbaum, Martha C., *Sin fines de lucro*. Madrid: Katz, 2012.

Nussbaum, Martha C., *El cultivo de la humanidad. Una defensa clásica de la reforma en la educación liberal*. Barcelona: Paidós, 2020.

OAKESHOTT, Michael, *La voz del aprendizaje liberal.* Madrid: Katz, 2009.
ORDINE, Nuccio, *La utilidad de lo inútil.* Barcelona: Acantilado, 2013.
PASCUAL MARTÍN, Ángel, «Estudio introductorio. Una educación general en la universidad» En *La educación superior en América.* Pamplona: EUNSA, 2021, pp. 11-58.
SANCHES, Noemi, «Del silencio a la palabra». La ontología del lenguaje en Simone Weil. Madrid: Ciudad Nueva, 2022.
PETERS, Richard Stanley, «La educación de las emociones». En *Educación y desarrollo de la razón.* Madrid: Narcea, 1982, pp. 431-447.
STRAUSS, Leo, *Liberalismo antiguo y moderno.* Madrid: Katz, 2007.
TORRALBA, José María, «La importancia del Core Curriculum: educación humanística a través de los grandes libros». *Nueva revista de cultura, política y arte* (Madrid) 180, 2021, pp. 44-55.
TORRALBA, José María, *Elogio de los grandes libros.* Madrid: Encuentro, 2022.

David LUQUE
Vannesa HORTAL DE LUCAS[49]

[49] Financiada por el Ministerio de Universidades a través del programa de Formación del Profesorado Universitario (FPU22/03804).

UNA COMPRENSIÓN DE LAS DINÁMICAS ESTÉTICAS Y HERMENÉUTICAS DE LA LECTURA PARA EL DESARROLLO DE SEMINARIOS DE GRANDES LIBROS

José Manuel MORA-FANDOS

Universidad Complutense de Madrid

jmora02@ucm.es

Núm. ORCID: 0000-0001-8593-4459

DOI: 10.60940/comprendrev27n2id9900208

Article rebut: 31/05/2025

Article acceptat: 17/09/2025

Resumen

Los seminarios de grandes libros son un elemento esencial de la educación liberal universitaria. A menudo son presentados como la participación en una gran conversación multisecular a través de la lectura de clásicos de la literatura y de la conversación sobre ellos en el aula. Entre las virtudes formativas que habitualmente se le señalan, la de la implicación personal existencial del alumno abre una vía que puede ser explorada desde los aportes de la filosofía hermenéutica del siglo xx. Partiendo de algunas características esenciales de esta filosofía, y de la teoría de la lectura de uno de sus principales pensadores, Paul Ricœur, ensayamos en este artículo una serie de consideraciones que pueden beneficiar a la implementación de los seminarios de grandes libros.

Palabras clave: filosofía hermenéutica, estética, seminario de grandes libros, Paul Ricœur, teoría de la lectura.

An understanding of the aesthetic and hermeneutic dynamics of reading for the development of Great Books seminars

Abstract

Great Books seminars are an essential element of a liberal arts university education. They are often presented as a means of participating in a grand, centuries-old conversation through the reading of literary classics and the discussion of them in the classroom. Among the formative virtues commonly cited, the personal existential involvement of students opens a path that can be explored through the contributions of

20th-century hermeneutic philosophy. Drawing on some essential characteristics of this philosophy and the reading theory of one of its leading thinkers, Paul Ricœur, in this article we explore a series of considerations that can benefit the implementation of Great Books seminars.

Keywords: hermeneutic philosophy, aesthetics, great books seminar, Paul Ricœur, reading theory.

En los últimos quince años se han estado difundiendo con creciente aceptación los seminarios de grandes libros en instituciones universitarias españolas. La pedagogía que los anima puede beneficiarse de algunos conceptos provenientes de la filosofía hermenéutica. El objetivo del presente artículo es presentar dichos conceptos y argumentar su utilidad para el desarrollo de dicha pedagogía.

1. Los seminarios de *grandes libros* en el contexto de la educación liberal

Los seminarios de grandes libros constituyen un elemento nuclear en la educación liberal universitaria en los países anglosajones, especialmente en América del Norte. Como indica José María Torralba, este tipo de educación: «consiste más en el desarrollo de ciertas capacidades intelectuales que en la adquisición de datos o informaciones».[1] Busca desarrollar lo que John Henry Newman llamaba «un hábito filosófico», una «capacidad de juzgar», un «buen juicio», incluso «buen gusto» que, en conexión con la idea kantiana, se trata de una capacidad que no se puede enseñar ni aprender, pero sí ejercitar.

En este contexto, los seminarios de grandes libros, desarrollados programáticamente en la década de los años 40 del siglo xx por Robert Maynard Hutchins y Mortimer Adler en la Universidad de Chicago, enfatizan la lectura y la conversación en el aula, y han sido caracterizados como un «escuchar la conversación entre las mejores mentes», en palabras de Leo Strauss,[2] la participación en una gran conversación según Hutchins[3] o incluso en la conversación de la humanidad, según el filósofo Michael Oakeshott.[4] Torralba indica que el método de los seminarios de grandes libros contaría al menos con cinco virtudes: propiciar un aprendizaje «en primera persona», donde los conceptos se aprenden «desde dentro», pues el alumno se implica «existencialmente», ya que el objetivo último de la

---

[1] Torralba, J. M. Educación liberal Made in USA. *Nuestro Tiempo* 679, abril-junio 2013, pp. 50-51.

[2] Cf. Strauss, L. *An Introduction to Political Philosophy. Ten Essays.* Detroit: Wayne State University Press, 1975, p. 317.

[3] Cf. Hutchins, R. M. *The Great Conversation. Great Books of the Western World, Vol. I.* Londres: Encyclopædia Britannica, 1952.

[4] Cf. Oakeshott, M. *The Voice of Poetry in the Conversation of Mankind: An Essay.* Cambridge: Bowes & Bowes, 1959.

educación es enseñar a vivir; conducir al conocimiento de libros clásicos; facilitar el desarrollo de la capacidad crítica; situar al alumno en una conversación intelectual de altura; y fomentar una educación de la mirada, capaz de formular las preguntas relevantes.[5] En conexión con las posturas de Kant y Newman, Torralba subraya que el desarrollo de la capacidad del juicio se orienta a suscitar el interés y el amor por la verdad: las controversias sobre los grandes temas encontradas en la tradición intelectual constituyen el signo de que tanto las cuestiones importantes no tienen soluciones sencillas, como de que no todas las soluciones son igualmente válidas. Realmente hay verdades y corresponde a cada uno descubrirlas.[6] Desde su propia y dilatada experiencia como profesor de seminarios de grandes libros en el ámbito universitario español, Torralba indica:

> En las clases, por el clima que se ha creado a lo largo del semestre, surge de modo natural el deseo de llegar entre todos a la respuesta más adecuada o correcta. Por lo menos, se consigue que unos y otros entiendan sus respectivas posturas y que todos se vean obligados a justificarlas. Eso ya es mucho en los tiempos que corren, marcados por el emotivismo moral. Se desarrolla así una confianza natural en la razón para encontrar la verdad y en la palabra como medio para resolver las diferencias.[7]

A tenor de lo señalado, los seminarios de grandes libros parecen contestar a una situación extendida en la actual universidad, tanto en el ámbito anglosajón como en el europeo continental —y decididamente en el español—, donde priman los enfoques pragmáticos, de excelencia social y económica, y fuertemente orientados a la especialización y profesionalización.[8] A este clima se suma que el alumnado actual pertenece a la generación *post-millenial*, o también llamada Z, que echa en falta la cercanía y el diálogo en las relaciones interpersonales.[9] Además, la presencia social incisiva y persistente de las tecnologías de la comunicación, especialmente las digitales, no ha ayudado a mejorar la dimensión conversacional y dialógica de la vida —y, por lo tanto, la misma vida—, como han subrayado numerosos pensadores, desde Hans Georg Gadamer hasta Sherry Turkle o Byung-Chul Han.[10]

---

[5] Cf. Torralba, J. M. *Una educación liberal. Elogio de los grandes libros.* Madrid: Encuentro, 2022, pp. 98-102.

[6] *Ibid.*, p. 102.

[7] *Ibid.*, p.103.

[8] Cf. MacIntyre, A. «The very idea of a university: Aristotle, Newman and us». *British Journal of Educational Studies* 57, 2009, pp. 347-362; Deresiewicz, W. *Excellent Sheep: The Miseducation of the American Elite and the Way to a Meaningful Life.* Los Angeles: Free Press, 2014. Shrimpton, P. «More Poet than Policeman: Newman and Education «in a large sense of the word». *Scripta Theologica* 51, 2019, pp. 775-800.

[9] Cf. Torralba, J. M. «"Post-millennials": claves intelectuales y éticas». *Aceprensa*, 9 de septiembre de 2019.

[10] Cf. Gadamer, H. G. La incapacidad para el diálogo. *Verdad y método II.* Salamanca: Sígueme, 1992, 203-210; Turkle, S. *Reclaiming Conversation: The Power of Talk in a Digital Age.* Londres: Penguin, 2015; Han, B.C. *La crisis de la narración.* Barcelona: Herder, 2024.

Ya en 2013, un estudio de análisis factorial exploratorio de Aznar *et al.* mostraba que los estudiantes españoles consideraban —entre otros aspectos— que la «universidad debe ofrecer una educación integral para formar a la persona entera, incluyendo valores y actitudes sobre la vida».[11] Los estudiantes percibían con claridad la dicotomía entre la visión liberal y la emprendedora, con independencia de la disciplina en la que se estuvieran formando como profesionales. Los alumnos de primer ciclo tendían a valorar más la visión liberal de su formación, si bien esta valoración decrecía al pasar a segundo ciclo. Los investigadores concluían que una armonización de ambas opciones respondería mejor a las expectativas de los estudiantes con respecto a su formación universitaria.

Para finalizar este apartado, y por el soporte empírico que dan a la propuesta de este artículo, querría llamar la atención sobre dos fenómenos. El primero es el valor que los alumnos de los seminarios de grandes libros en la Universidad de Navarra —pionera en este campo en el panorama universitario español— resaltaban como el más importante al ser preguntados en un estudio de campo: «above all others, the ability to listen to other opinions in the seminars».[12]

El segundo, desde mi propia experiencia de profesor de seminarios de grandes libros, y en conexión con la primera virtud de estos seminarios indicada por Torralba —*un aprendizaje en primera persona, existencial*—, que, si bien en la lectura el alumno interroga el texto, a la vez se ve interrogado por él.

Para fundamentar mi propuesta voy a partir de uno de los pensadores principales de la filosofía hermenéutica continental europea del siglo XX, Paul Ricœur, y, a modo de contexto para las aportaciones de este autor, indicaré previamente algunos rasgos esenciales de esta filosofía.

2. Algunos rasgos esenciales de la filosofía hermenéutica del siglo XX

Siguiendo la explicación del filósofo Alejandro Vigo, la transformación hermenéutica del pensamiento filosófico ha hecho que los procesos de comprensión, es decir, de apertura y apropiación de sentido, hayan provisto el ejemplo orientativo básico para «el desarrollo de concepciones unitarias y, al menos, en su pretensión, integrales de la existencia humana, los diferentes modos de acceso al mundo y el conocimiento en sus

[11] Cf. Aznar, F. J. *et al.* How students perceive the university's mission in a Spanish university: Liberal versus entrepreneurial education?. *Cultura y Educación* 25, 2013, pp. 17-33; Mora-Fandos, J. M. Mito y literatura en la formación del estudiante universitario de Publicidad y Relaciones Públicas. Una aplicación de la triple mímesis de Paul Ricoeur a la lectura de grandes libros. *Misión de la Universidad en nuestros días: un enfoque transdisciplinar.* Valencia: Campgràfic Editors, 2018, pp. 181-193.

[12] Cf. Sánchez-Ostiz, A. y Torralba, J. M. The great books program at the University of Navarra: report on the qualitative narrative assessment of the core curriculum. *Documentos Core Curriculum* 10, 2018, p. 14.

diferentes posibles formas».[13] A partir de la clasificación de Vedder[14] de los significados actuales de la palabra hermenéutica, se aprecia que dicha transformación trasciende, sin negarlo, el significado tradicional de técnica interpretativa de textos y discursos, y postula una *filosofía hermenéutica* que tematiza y radicaliza la comprensión en sus diferentes formas y aspectos. De este modo, en palabras de Vigo:

> la comprensión constituye un fenómeno fundamental de la existencia humana: todo acceso al mundo y a sí mismo por parte del hombre, tanto en la actitud cotidiana y pre-reflexiva como en la ciencia misma, vendría, según esto, no solo acompañada, sino incluso posibilitada por la mediación de determinadas prestaciones de carácter comprensivo-interpretativo.[15]

Para la tradición de la racionalidad moderna de filiación cartesiana sería posible una captación inmediata, sin presuposiciones y libre de toda mediación comprensiva en la apropiación de sentido, bien en el acceso al mundo y al ente intramundano, bien al sí mismo como ser finito. Desde la crítica realizada por la filosofía hermenéutica, este postulado habría conducido una y otra vez a «una inadecuada representación de conjunto de la relación que vincula al hombre y el mundo, y, con ello, también de fenómenos fundamentales como el conocimiento, el lenguaje, la verdad, etc.».[16] Por contraposición, la racionalidad hermenéutica señala: 1. El carácter mediado de los procesos de apropiación comprensiva de sentido. 2. El carácter holístico-contextualista del acceso comprensivo-interpretativo. 3. El carácter anticipativo-proyectivo del acceso comprensivo. 4. La historicidad de la comprensión. 5. El carácter aleteiológico de la experiencia de sentido.

Sobre esta base hermenéutica, y siguiendo la argumentación de Vigo, cabría distinguir entre dos modos de comprender: el reproductivo, consistente en procesos de apropiación referidos a configuraciones de sentido ya constituidas. Y el productivo, que remite a formas esencialmente ejecutivas de acceso, a través de las cuales se da la apertura de determinados campos de experiencia de sentido y la constitución de las peculiares configuraciones de sentido que pertenecen a dichos campos de experiencia. Dentro de las formas ejecutivas se cuentan, sobre todo, las diferentes especies del saber práctico, el saber productivo y el saber de uso, que actualmente suelen agruparse bajo

---

[13] Vigo, A. G. Caridad, sospecha y verdad. La idea de la racionalidad en la hermenéutica filosófica contemporánea. En Lara, F. de (ed.), *Entre fenomenología y hermenéutica. Franco Volpi in memoriam.* Madrid: Plaza y Valdés, 2011, pp. 165-202.

[14] Cf. Vedder, B. *Was ist Hermeneneutik? Ein Weg von der Textdeutung zur Interpretation der Wirklichkeit.* Stuttgart: Kohlhammer, 2000.

[15] Vigo, A. G. *op. cit.*, p. 171.

[16] *Ibid.*

la denominación del *know how*, por oposición al *know that*, considerado como denominación genérica del saber proposicional.

Lo que pasa a primer plano en esta distinción de accesos comprensivos es el primado de las formas originariamente ejecutivas frente a aquellas otras de carácter meramente re-ejecutivo y derivativo. Este desarrollo, iniciado en la hermenéutica romántica, reconoce «la presencia irreductible de aspectos o elementos de creatividad y productividad originaria incluso en las formas más habituales y aparentemente menos espontáneas del comprender reproductivo».[17] Así, la inexhaustividad de toda interpretación, ya presente en Schleiermacher, subraya la imposibilidad de capturar sin residuo el núcleo inexpresable constitutivo de toda genuina subjetividad en el texto, y pone de relieve, aunque indirectamente, el aspecto irreductiblemente productivo y creativo de toda trasposición comprensivo-interpretativa. Hans-Georg Gadamer pone este fenómeno en el centro de sus intereses con la noción de la «historia de los efectos», como momento constitutivo y posibilitante de toda apropiación comprensiva del sentido en tanto históricamente mediado.

Para Vigo —y es la postura que seguimos para nuestra propuesta—, la comprensión como una estructura básica de la existencia humana y, por lo tanto, como rasgo de la racionalidad, permite vincular la teoría de la interpretación, en cuanto una forma específica de la comprensión reproductiva, con la analítica de la existencia, y provee así una conexión con la que intentar unificar la teoría de la interpretación con la teoría de la acción.[18]

Vigo también aborda un aspecto de la filosofía hermenéutica que conecta con una de las virtudes señaladas por Torralba en los seminarios de grandes libros: el desarrollo del sentido crítico y la búsqueda de la verdad. Siguiendo la explicación de Vigo, en *Sein und Zeit* Heidegger elaboró una reinterpretación aleteiológica de la verdad como retorno radical a la experiencia griega de la verdad antes de toda reflexión filosófica. Esta comprensión de la verdad se hallaba presente ya entonces en el uso habitual del lenguaje en la cultura griega, y la propia filosofía la mantendría en parte, y en parte tendería a transformarla en la dirección de una corrección —*orthótes*— en el representar, dominante después en toda la tradición filosófica y científica occidental. Esta recuperación heideggeriana proveyó también uno de los puntos de partida básicos de la concepción hermenéutica de Gadamer, y que, en nuestra opinión, también está presente en la filosofía hermenéutica de Paul Ricœur. Frente a las críticas que ha suscitado la reivindicación de la teoría aleteiológica por una supuesta negación de la teoría veritativa de la adecuación, Vigo comenta:

---

[17] *Ibid.*, p. 179.

[18] *Ibid.*, p. 193.

se debe señalar que la interpretación aleteiológica no elimina, sin más, la concepción adecuacionista de la verdad, sino que más bien concibe a la adecuación veritativa como un fenómeno derivado, que puede reclamar para sí legitimidad dentro de su ámbito específico de aplicación, que no es otro que el ámbito correspondiente a las diferentes formas de ejecución, tanto científicas como pre-científicas, de la actitud teórico-constatativa.[19]

Lo que la interpretación aleteiológica lleva a cabo es, por tanto, una liberación de la noción de verdad de la sujeción habitual al dominio de la teoría y, con ello, también una decidida extensión de dicha noción fuera del ámbito de toda posible mediación metódica, para proyectarla a ámbitos tales como el del acceso práctico operativo al mundo circundante, el de la experiencia estética y el de la palabra teológica, en los cuales tiene lugar, en cada caso, una peculiar experiencia de sentido, que puede reclamar para sí el carácter de originaria e irreductible. Impera verdad, según esto, en toda forma de la experiencia de sentido, en la medida en que en y a través de ella viene a la presencia, es decir, se abre a la comprensibilidad de un determinado modo el ente en su ser. La interpretación aleteiológica de la verdad señala hacia una dimensión de manifestación de carácter monovalente y, como tal, previa a la alternativa bivalente entre lo verdadero y lo falso que caracteriza a la concepción adecuacionista habitual.[20]

Lejos de representar un intento más o menos romántico de retorno a una suerte de inmediatismo, la concepción aleteiológica tiene un alcance eminentemente crítico, en cuanto permite superar un indebido estrechamiento de la noción de verdad, resultado de su supeditación a la actitud puramente teórico-constatativa en entornos delimitados por las mediaciones metódicas propias de las diferentes ciencias. Así, esta extensión de la noción de verdad a la totalidad de las posibles formas de la experiencia de sentido ha traído consigo una paralela extensión de la idea de racionalidad, liberada de su identificación directa con la racionalidad teórico-científica. Un resultado inmediato del impacto de las concepciones radicalmente hermenéuticas en la estela de Heidegger y Gadamer ha sido una generalizada rehabilitación de la idea clásica de la razón práctica.[21]

Por último, y por la relevancia para nuestra propuesta, subrayamos con Vigo que, en el desarrollo más reciente de la filosofía hermenéutica centroeuropea, particularmente en el Heidegger tardío y en Gadamer, tiene lugar un intento radical por despojar la problemática de la comprensión de toda resonancia residual procedente del subjetivismo moderno. Así, ambos filósofos subrayan los aspectos de irreductible pasividad e indisponibilidad que caracterizan los procesos de apropiación comprensiva de sentido y enfatizan el carácter de acontecimiento del comprender y, con ello, también de la experiencia del sentido y de la verdad. De este modo quieren desechar la representación

[19] *Ibid.*, p. 190.

[20] *Ibid.*, p. 191.

[21] *Ibid.*, pp. 191-192.

radicalmente activista de una subjetividad que operara exclusivamente desde sí misma la apertura de la significatividad.

3. La teoría de la lectura de Paul Ricœur

En este marco de las características del giro hermenéutico de la filosofía, voy a presentar la aportación de Ricœur por su relevancia para una comprensión de los efectos existenciales de los seminarios de grandes libros. De entre los principales pensadores hermenéuticos postheideggerianos, el pensador francés ha tematizado el fenómeno de la lectura en una teoría que conjuga el aspecto de la interpretación con el de la comprensión, tanto del texto como del intérprete en cuanto ser humano que se orienta existencialmente en todas sus acciones mundanas. Nuestro autor integra aspectos importantes de la herencia de Heidegger y Gadamer, junto con aportaciones de la fenomenología.

Enmarcada en su proyecto de décadas de pensar la *comprensión de sí*, la teoría de la lectura de Ricœur parte del supuesto de que, frente a la pretendida autotransparencia reflexiva cartesiana, el ser humano se comprende contando con la mediación de los símbolos y textos culturales, y de modo especial de las narraciones, ficcionales o históricas. La lectura realiza esa mediación entre la configuración lingüística de los textos y la refiguración —transformación— del lector en cuanto persona en el nivel de su autocomprensión práxica. En este sentido, Ricœur se inserta en la tradición que asume el aforismo de Erasmo, *lectio transit in mores*, la lectura desemboca en conducta. La teoría de Ricœur revela dinámicas que conectan con la dimensión existencial que hemos subrayado desde el inicio de este artículo, y que, siguiendo a Aristóteles en la *Poética*, indican que el lector encuentra en las narraciones de ficción una mímesis de acción humana que hace de la lectura un laboratorio moral, un auténtico ejercicio y ganancia de conocimiento práxico:

> Es cierto que el placer que experimentamos en seguir el destino de los personajes implica que suspendamos cualquier juicio moral real, al mismo tiempo que dejamos en suspenso la acción efectiva. Pero, en el recinto irreal de la ficción, no dejamos de explorar nuevos modos de evaluar acciones y personajes. Las experiencias de pensamiento que realizamos en el gran laboratorio de lo imaginario son también exploraciones hechas en el reino del bien y del mal. «Transvaluar», incluso devaluar, es también evaluar. El juicio moral no es abolido; más bien es sometido a las variaciones imaginativas propias de la ficción.[22]

---

[22] Ricoeur, P. *Sí mismo como otro.* Buenos Aires: Siglo xxi, p. 167, 2006. Y en la misma obra indica: «no hay relato éticamente neutro. La literatura es un amplio laboratorio donde se ensayan estimaciones, valoraciones, juicio de aprobación o de condena, por los que la narrativa sirve de propedéutica a la ética» (p. 109).

Y abunda sobre esta idea en otro lugar:

> Se trata de una inteligibilidad apropiada al campo de la *praxis* y no de la *theoria*, próxima, pues, a la *phronesis*, que es la inteligencia de la acción. [...] Que se trata sin duda de inteligencia, Aristóteles nos lo advierte desde el capítulo IV [de su *Poética*], donde establece por vía genética sus conceptos directivos.[23]

¿Pero cómo ocurre esto? ¿en qué sentido la lectura refiere al campo de la *praxis* y no al de la *theoria*? Seguiremos el hilo de su argumentación, recurriendo a algunas de sus obras donde retoma y matiza su teoría. Nuestro punto de partida es la indicación de Ricœur de la necesidad de una prefiguración y una configuración en la lectura para que se dé la refiguración práxica. La prefiguración consiste en las condiciones de comprensión que deben compartir el autor y el lector, como miembros de una comunidad, y que abarca el dominio de la red de intersignificaciones constitutiva de la semántica de la acción, así como la familiaridad con las mediaciones simbólicas culturales y con los recursos prenarrativos del obrar humano, pues, recogiendo la herencia heideggeriana, señala que:

> El ser-en-el-mundo es, según la narratividad, un ser en el mundo marcado ya por la práctica del lenguaje correspondiente a esta precomprensión. La ampliación icónica de la que aquí se trata consiste en *la ampliación de la legibilidad* previa que la acción debe a los intérpretes que trabajan ya en ella. La acción humana puede ser sobresignificada porque ya es presignificada por todas las modalidades de su articulación simbólica.[24]

Además, la prefiguración exige que se comparta un «repertorio de lo familiar, en cuanto al género literario, al tema, al contexto social o histórico».[25] La configuración, por su parte, expresa que el autor ha *compuesto* una narración en espera de la lectura que la convertirá en acontecimiento en el mundo de la experiencia: el lector, mediante el acontecimiento de leer, debe *acompañar* performativamente la configuración del texto, hacerlo algo vivo. Iniciada la lectura, ese acompañamiento se convierte constitutivamente en una respuesta a la estrategia retórica inscrita por el autor en el texto, designada como *autor implícito* —siguiendo la teoría de Wayne Booth—, por la que el autor real ha buscado comunicar eficazmente, es decir, ganarse el interés, confianza y adhesión del lector o, en lenguaje de la tradición hermenéutica, que el lector pase a pertenecer al texto.[26] Dicha estrategia se encuentra a la espera de la respuesta estética y

---

[23] Ricoeur, P. *Tiempo y narración I. La configuración del relato histórico.* Buenos Aires: Siglo xxi, p. 94, 2004.

[24] *Ibid.*, p. 154.

[25] Ricoeur, P. *Tiempo y narración III. El tiempo narrado.* Buenos Aires: Siglo xxi, 1996, p. 885.

[26] *Ibid.*, pp. 868-875.

hermenéutica del lector, donde se da un entrecruzamiento sinérgico de pasividad y actividad. Ricœur hace propias las características de la escuela de la *estética de la recepción* alemana de Wolfgang Iser y Hans Robert Jauss. Del primero, toma conceptos de filiación fenomenológica husserliana e ingardiana para indicar que la obra literaria revela una estructura de llamada y un modo de ser inacabado. Este inacabamiento consiste en las visiones esquemáticas ofrecidas por el texto que el lector está llamado a concretizar mediante su capacidad *creadora de imágenes*, de modo que sea capaz de *figurarse* los personajes y acontecimientos. Esto se manifiesta en *lugares de indeterminación* que deben ser colmados ejecutivamente por el lector, análogamente al trabajo del músico con la partitura, que es potencialmente susceptible de diferentes interpretaciones. Pero el inacabamiento también refiere a que un texto propone a la lectura configuradora un *mundo* o correlato intencional de la secuencia de frases que lo compone: cada frase apunta más allá de ella misma, le indica al lector algo que hay que hacer, le abre en su conciencia una perspectiva de interacción husserliana entre protensiones y retenciones:

> El objeto literario no viene a «colmar» intuitivamente estas expectativas; no puede más que *modificarlas*. Este proceso motor *de* modificaciones de expectativas constituye la concretización creadora de imágenes evocada anteriormente. Consiste en viajar a lo largo del texto, en dejar «caer» en la memoria, sintetizándolas, todas las modificaciones efectuadas, y en abrirse a nuevas expectativas con vistas a nuevas modificaciones. Solo este proceso hace del texto una obra. La obra —se podría decir—resulta de la interacción entre el texto y el lector.[27]

Así el lector adopta un *punto de vista viajero*, pues la totalidad del texto no puede ser percibida ni a la vez ni de una vez, y así el lector viaja dentro del texto literario. Esta forma de aprehender un objeto es «apropiada para la comprensión de la objetividad estética de los textos de ficción» —en palabras de Iser—, donde se da una interacción entre las expectativas modificadas y los recuerdos transformados.

Estos rasgos de la contribución activa del lector se encaminan a dar una respuesta, incluso una réplica, a la estrategia retórica del texto, de modo que se patentiza el carácter insoslayablemente dialéctico del acto de lectura, del que al menos se pueden señalar tres manifestaciones. Una primera dialéctica procede de la experiencia de que, en la novela moderna, el acto de lectura tiende a convertirse en una réplica a la estrategia de decepción del autor implícito, como se puede percibir en obras como el *Ulises* de Joyce, donde los lugares de indeterminación piden al lector una sobreproducción de sentido que supla la carencia de legibilidad. Una segunda dialéctica surge del hecho de que todo texto se revela inagotable a la lectura, pues apunta a un lado no escrito que la

---

[27] *Ibid.*, p. 881.

lectura intenta figurarse, y de este modo, el texto aparece, alternativamente, en falta y en exceso de significado respecto a la lectura. Y una tercera dialéctica actúa en el horizonte de la búsqueda de coherencia —pues en ello consiste toda lectura—:

> si esta triunfa, lo no-familiar se convierte en lo familiar, y el lector, sintiéndose a sus anchas en la obra, termina por creer en ella, hasta el punto de perderse: entonces la concretización deviene ilusión, en el sentido de creer-ver. Si la búsqueda fracasa, lo extraño sigue siendo tal, y el lector se queda ante las puertas de la obra.[28]

A juicio de Ricœur, la «buena» lectura igualmente admite cierto grado de ilusión —en el sentido que le da Gombrich—, y asume el mentís infligido por el potencial exceso de sentido de la obra a los intentos del lector por pertenecer al texto y a sus instrucciones: «La "buena" distancia respecto a la obra es aquella en que la ilusión se hace, alternativamente, irresistible e insostenible. En cuanto al equilibrio entre estos dos impulsos, aquél nunca se ha realizado».[29]

Estas tres dialécticas convierten a la lectura en una experiencia viva, un acontecimiento de respuesta configuradora, donde se apunta al óptimo de un equilibrio entre las señales proporcionadas por el texto y la actividad sintética del lector. «Este equilibrio es el efecto inestable del dinamismo por el que —diría yo— la configuración del texto en términos de *estructura* se identifica con la refiguración por el lector en términos de experiencia».[30] Esta actividad dialéctica muestra la conexión entre la fenomenología y la hermenéutica, y el fenómeno de la refiguración del lector que hemos anunciado. Siguiendo la explicación sintética de Dávalos de la teoría de Ricœur:

> Es en este punto donde el mundo del texto y el mundo del lector se cruzan. Lo que la obra comunica no es solo un juego formal de configuración y refiguración de la trama, sino que proporciona un *horizonte*. El horizonte desplegado en el texto es correlativo al mundo real. Hay un contenido intencional en la escritura que apunta más allá del sentido del texto, hacia la referencia, que no es directamente el mundo real, sino una referencia liberada en un segundo nivel, que el lector debe construir a partir del sentido. Si bien, el lenguaje, también en las obras narrativas, como en las obras literarias en general y en los actos de discurso, remite finalmente al mundo real, realizando una función de *atestación ontológica*.[31]

---

[28] *Ibid.*, p. 884.

[29] *Ibid.*

[30] *Ibid.*, p. 885.

[31] Dávalos, C. *La mediación del lenguaje en la comprensión de sí mismo según Paul Ricoeur. La mediación del lenguaje en la comprensión de sí mismo según Paul Ricoeur.* [Tesis doctoral. Universidad de Navarra, 2011, p. 295.]

La fusión de ambos horizontes, siguiendo el concepto de Gadamer, conlleva una ampliación de la experiencia del mundo del lector, por la especial comprensión que se efectúa en la lectura de narraciones de ficción. Al desvincularse del lenguaje puramente descriptivo, en estas narraciones surge el horizonte universal práxico de la trama —en la tradición aristotélica—, que acrecienta la experiencia vital particular del lector, universalizándola, y entretejiendo ambas experiencias —vitales y ficcionales— en el acervo de las experiencias personales.[32] Como indica el propio Ricœur, «a las obras de ficción debemos en gran parte la ampliación de nuestro horizonte de existencia».[33]

En este punto Ricœur reivindica el goce como elemento irreductible de la actividad hermenéutica literaria, pues la comprensión va siempre acompañada por él, en una relación originaria que signa de modo esencial a la lectura literaria y la distingue radicalmente de otras:

> Contrariamente a la idea común de que el placer es ignorante y mudo, Jauss le reconoce el papel de abrir un espacio de sentido en el que se desplegará luego la lógica de la pregunta y de la respuesta. *Hace comprender*. Es una recepción *perceptiva*, atenta a las prescripciones de la partitura musical que es el texto, y una recepción *abridora*, en virtud del carácter de horizonte que Husserl reconoce en toda percepción. [...] El texto pide al lector que, ante todo, este último se confíe a la comprensión perceptiva, a las sugerencias de sentido que la segunda lectura convertirá en tema y que proporcionará a esta un horizonte.[34]

Y asumiendo ideas de Jauss, distingue entre tres lecturas, o momentos de la lectura literaria:

> El paso de la primera lectura, la lectura inocente, si existe alguna, a la segunda, la lectura distanciada, es regulado, como hemos dicho anteriormente, por la estructura de horizonte de la comprensión inmediata. [...] La lectura y relectura tienen así sus ventajas y debilidades respectivas. La lectura implica, a la vez, riqueza y opacidad; la relectura clarifica, pero elige: se apoya en las preguntas que han quedado abiertas tras el primer recorrido del texto, pero no ofrece más que una interpretación entre muchas. Una dialéctica de la *espera* [expectativa] y de la *pregunta* regula así la relación de la lectura con la relectura. La espera [expectativa] es abierta pero indeterminada; y la pregunta es determinada, pero más cerrada.[35]

Finalmente hay que contar con una tercera lectura, de control sobre la lectura inmediata y sobre la relectura —o lectura reflexiva—, que nace de la pregunta «¿Qué hori-

[32] *Ibid.*, p. 296.

[33] Ricoeur, P. *Tiempo y narración I. La configuración del relato histórico, op. cit.*, p. 152.

[34] Ricoeur, P. *Tiempo y narración III. El tiempo narrado, op. cit.*, p. 893.

[35] *Ibid.*, pp. 893-894.

zonte *histórico* ha condicionado la génesis y el efecto de la obra, y limita por consiguiente la interpretación del lector actual?». Una pregunta por la que la hermenéutica literaria delimita un espacio legítimo para los métodos histórico-filológicos:

> Por repercusión, la lectura de control contribuye a liberar el placer estético de la simple satisfacción de los prejuicios y de los intereses contemporáneos, vinculándolo a la percepción de la diferencia entre el horizonte pasado de la obra y el horizonte presente de la lectura. Un extraño sentimiento de alejamiento se insinúa así en el centro del placer presente. [...] En cambio, esta tercera lectura «histórica» sigue siendo guiada por las expectativas de la primera lectura y las preguntas de la segunda. La pregunta simplemente gestadora de historia —¿qué decía el texto?— sigue estando bajo el control de la pregunta propiamente hermenéutica —¿qué me dice el texto y qué digo yo al texto?[36]

La primacía de la conjunción de placer y comprensión en la lectura la vincula Ricœur al señalamiento que Aristóteles hace de la *catarsis* como efecto necesario del encuentro con las narraciones de ficción. Siguiendo la interpretación de Jauss, indica la conexión entre *lo estético* y *lo cognitivo* que se da en la catarsis:

> La *catharsis* constituye así un momento distinto de la *aisthesis,* concebida como pura receptividad: el momento de comunicabilidad de la comprensión perceptiva. La *aisthesis* libera al lector de lo cotidiano; la *catharsis* lo hace libre para nuevas valoraciones de la realidad, que tomarán forma en la relectura. Un efecto aún más sutil deriva de la *catharsis*: gracias a la clarificación que ejerce, la *catharsis* esboza un proceso de trasposición, no solo afectiva sino también cognitiva, que puede compararse con la *alegoresis,* cuya historia se remonta a las exégesis cristiana y pagana. Hay alegorización desde el momento en que se intenta «traducir el sentido de un texto desde su primer contexto a otro, lo que equivale a decir, darle una significación nueva que rebasa el horizonte del sentido delimitado por la intencionalidad del texto en su contexto originario».[37]

Para Ricœur, todo este recorrido por las implicaciones fenomenológicas, hermenéuticas y finalmente éticas de la lectura, que termina en la refiguración, trae como corolario un efecto en el nivel antropológico, de patente rendimiento existencial, la *identidad narrativa*:

> En este sentido, es realmente cierto que la vida se vive y que se narra la historia. Una diferencia insuperable subsiste, pero esta diferencia es suprimida parcialmente por el poder que tenemos de aplicarnos a nosotros mismos las tramas que recibimos de nuestra cultura y de experimentar así los distintos papeles asumidos por los personajes favoritos de las historias que nos son más queridas. De esta manera, es a través de las *variaciones imagina-*

---

[36] *Ibid.*, p. 894.

[37] *Ibid.*, p. 896.

tivas sobre nuestro propio *ego* que intentamos alcanzar una comprensión narrativa de nosotros mismos, la única que escapa a la alternativa aparente entre cambio puro e identidad absoluta. Entre las dos se sitúa la *identidad narrativa.*

En conclusión, permítanme decir que lo que llamamos sujeto no se da nunca al principio. O si se da, corre el riesgo de reducirse al yo narcisista, egoísta y avaro, precisamente del cual la literatura puede liberarnos. Entonces, lo que perdemos del lado del narcisismo, lo recuperamos del lado de la *identidad narrativa*. En lugar de un yo (*moi*) enamorado de sí mismo, nace un sí (*soi*) instruido por los símbolos culturales, entre los cuales se encuentran en primer lugar los relatos recibidos de la tradición literaria. Son estos relatos los que nos dotan, no de una unidad sustancial, sino de una unidad narrativa.[38]

4. Aplicación de algunos conceptos de la filosofía hermenéutica y de la teoría ricoeuriana de la lectura al desarrollo de los seminarios de *grandes libros*

La exposición tanto de algunas características generales de la filosofía hermenéutica como de la teoría de la lectura de Paul Ricœur permite apreciar puntos de contacto con las dinámicas y virtudes propias de los seminarios de grandes libros. En nuestra opinión, se podrían indicar al menos las siguientes conexiones, que pueden orientar principalmente el papel del profesor de estos seminarios para acrecentar su utilidad:

1. Los alumnos de los seminarios de grandes libros no encuentran en ellos una formación dirigida a filósofos, filólogos o historiadores, en el sentido más académico. Retomando la propuesta de Vigo, no se les induce a un acceso teórico-constativo a los textos, sino más bien a uno práxico-poiético, ejecutivo, desde la razón práctica: la lectura de textos clásicos de ficción se convierte en una tarea inmersiva, implicativa, donde la verdad ha de ser encontrada y hecha al mismo tiempo, desde el encuentro existencial del lector con el mundo de posibilidades de ser que abre el texto. Por esta naturaleza de los seminarios, se imponen, simbióticamente, tanto la producción de sentido como la reproducción de sentido propias del trabajo interpretativo.

2. El profesor de seminarios de grandes libros podrá ejercer de auténtico maestro de la lectura si es consciente de que, en un acceso ejecutivo al sentido de un texto, como en el caso de la lectura literaria, se da tanto la reproducción como la producción de sentido, y que esta realidad pide una suficiente prefiguración por parte del lector y una actitud de escucha. Podrá señalar los peligros de la proyección del yo del lector sobre el texto, cuando no se respeta suficientemente la autonomía semántica, poética y retórica de una obra clásica, y resaltar la fuerza orientadora del diálogo, así como la provocación

[38] Ricoeur, P. «La vida: un relato en busca de narrador». *Ágora. Papeles de filosofía* 25(2), 2006, p. 22.

propia del fenómeno de extrañamiento, que estimula a los buenos lectores a ejercer su parte activa en la tarea de la configuración en el acontecimiento de la lectura.[39]

3. Los seminarios de grandes libros permiten una efectuación de la propuesta ricoeuriana de la concurrencia de los tres tipos de lectura: si toda la actividad lectora está motivada por la actitud hermenéutica que libera los efectos de la refiguración, está al mismo tiempo regulada —para asegurar la comunicación con lo otro— por la lectura de control de tipo histórico-filológico, y posibilita así que los participantes convengan conversacionalmente en una búsqueda de la verdad y el acuerdo, en un discernimiento de las interpretaciones erróneas y en una apertura a las recepciones de los otros.

Es en el seminario de grandes libros donde, de un modo privilegiado, se puede efectuar la interconexión de las tres lecturas. Dependerá de las habilidades del profesor saber dar lugar a las tres, sin perder la primacía de la presencia conjunta de placer y comprensión que la lectura literaria motiva.

4. El efecto que se aprecia de goce lector y clarificación cognitiva atestigua la presencia de los rasgos indicados por Ricœur de *revelación* y *transformación* propios de la función narrativa y de *catarsis* en el lector, ya registrada por Aristóteles, al modo en que la detallan Jauss y el propio Ricœur. El encanto educativo *particular*, *sui generis*, de los seminarios de grandes libros, estriba en buena medida en que se alcance ese rendimiento catártico.

5. Para los alumnos de la generación Z, la dinámica de los seminarios de grandes libros, por su filiación en la educación liberal, conecta con el deseo de presencia personal, pues despierta una conciencia de autoeducación[40] *en primera persona*, existencial, junto con la adquisición de técnicas y contenidos profesionalizantes vehiculados *en tercera persona* propios de otras asignaturas.

6. Los seminarios de grandes libros demuestran contribuir a la formación del carácter del alumno a través del ejercicio imaginativo de la virtud intelectual de la *phronesis*, mediante una experiencia inmersiva y placentera en los mundos moralmente valiosos que despliegan los textos clásicos. Es obvio que la sabiduría práctica implícita en la refiguración ricoeuriana, no conduce por sí sola a buenas acciones, pues se requiere la correspondiente disposición moral;[41] pero esta sabiduría práctica puede ejercitarse vicariamente, a modo de propedéutica, al habitar estética y hermenéuticamente los mundos de las narrativas de ficción. Como indica Gadamer,[42] toda educación es en última instancia autoeducación. En este sentido, el filósofo y educador David Carr coincide

[39] «To understand is not to project oneself into the text; it is to receive an enlarged self from the apprehension of proposed worlds which are the genuine object of interpretation». Ricoeur, P. *Hermeneutics and the Human Sciences*. Cambridge: Cambridge University Press, 2016, pp. 182-183.

[40] Cf. Gadamer, H. G. *La educación es educarse*. Barcelona: Paidós, 2000.

[41] Cf. Naval, C. *Educar ciudadanos. La polémica liberal-comunitarista en educación*. Pamplona: Eunsa, 1995.

[42] Cf. Gadamer, H. G. *La educación es educarse, op. cit.*

con Ricœur y la tradición aristotélica en el valor moral de la lectura de literatura: «No se trata tanto de que [la literatura] nos diga qué debemos hacer como conducta virtuosa, sino de que tiene mucho que enseñarnos —a través de una especie de experimento mental literario— sobre la psicología moral de la virtud».[43] Así, se podría decir que la lectura en el marco de los seminarios de grandes libros introduce en la fenomenología de la moral y en la hermenéutica de la virtud. Esta pedagogía, sin embargo, tiene unos límites saludables que respetan la experiencia personal del alumno y piden al profesor una flexibilidad y finura en el acontecimiento de conducir la conversación. Como indica Carr: «Sigo convencido (en el espíritu de Aristóteles) de que muchos tipos y enfoques de la literatura pueden tener un inmenso valor educativo moral, pero también de que esto no es, sin duda, sencillo».[44]

7. La apertura a lo otro, el extrañamiento que mueve al diálogo, la exposición a la verdad de la manifestación de lo genuino, orientan a una liberación del narcisismo, al encontrar el alumno lector nuevas posibilidades de ser, reveladoras y transformadoras,[45] que potencian la referencialidad —relación con el mundo y salida del sí mismo—, la comunicabilidad —relación con los otros hombres— y la comprensión de sí —relación con uno mismo.

8. Si la lectura ha propiciado la asunción de un yo más amplio, instruido por la vivencia de la ficción y la fusión de horizontes, es el diálogo en el aula entre lectores del mismo texto y con el profesor el que lo intensifica al actuar como una *lectura expandida*, no cerrada, donde se actualiza el triple esquema ricoeuriano de lectura, relectura y lectura de control histórica-filológica.

9. La aplicación de las tramas de las narraciones a la propia vida, propicia una inteligibilidad de la vida del lector que subraya la conciencia de identidad personal en el terreno práxico —*identidad narrativa*, siguiendo a Ricœur— frente a la disyuntiva entre una identidad en perpetuo flujo alentada por corrientes amplias de la posmodernidad, y una visión de sí estática, a menudo reaccionaria, incapaz de integrar el cambio en la vida.

10. El profesor puede ser un catalizador decisivo —un agente libre y responsable de la tradición, de esa *gran conversación* resaltada por la educación liberal— en el proceso de refiguración de los estudiantes, mediante su elección de textos clásicos atractivos y con potencial de apelar al razonamiento prudencial de los lectores. En consonancia con los enfoques educativos contemporáneos que consideran al docente como mediador en

---

[43] Carr, D. Four perspectives on the value of literature for moral and character education. *The Journal of Aesthetic Education* 48(4), 2014, pp. 1-16, p. 6. La traducción es nuestra.

[44] *Ibid.*, p. 15. La traducción es nuestra.

[45] Cf. Ricoeur, P. *Tiempo y narración III. El tiempo narrado, op. cit.*, p. 865.

el proceso de adquisición de conocimientos, habilidades, valores y actitudes,[46] el profesor sería un mediador hermenéutico, tanto en el sentido tradicional de ayudar al alumno a comprender lo mejor posible un texto —acceso reproductivo al sentido—, como en el existencial, al brindarle una experiencia de encuentro, pertenencia, apropiación y aplicación del texto a sí mismo como propedéutica fronética —acceso productivo al sentido.[47]

11. El modelo pedagógico de estos seminarios, debido a su naturaleza particularmente atractiva —que aúna en la lectura goce estético y conocimiento hermenéuticamente mediado, como Jauss y Ricœur recuerdan remontándose a la catarsis aristotélica—, también puede relacionarse con la teoría educativa del florecimiento: promueve la posibilidad de epifanías cognitivas, capaces de inducir en el alumno la conexión con algunos de los *misterios del mundo*, según la expresión y convicción de Kristjánsson,[48] relacionados con el fenómeno de la presencia de la alteridad y el del extrañamiento. Como señala Kristjánsson, «las escuelas [y yo añadiría las universidades] a menudo parecen funcionar como vehículos de un proceso de desencanto en el que se va eliminando gradualmente en los estudiantes el sentido de misterio ante las maravillas de la vida»,[49] y que podemos relacionar con los anhelos y satisfacciones de los alumnos, indicados respectivamente en el estudio de Aznar *et al.* y en los documentos de implementación de los seminarios de grandes libros elaborados por Sánchez-Ostiz y Torralba.

12. El profesor de grandes libros puede explicar a los alumnos, a modo de introducción a la asignatura, las dinámicas estético-fenomenológicas y hermenéuticas que se ponen en juego en la lectura. De este modo se previenen lecturas ingenuas y opiniones débilmente articuladas, y se facilita la percepción de la orientación, origen, prejuicios y límites de la propia lectura, así como los de las lecturas de los otros en el contexto de la conversación en el aula sobre el mismo clásico. Esta percepción facilita la comprensión común entre los interlocutores sobre el mundo del texto, las preguntas que plantea y las preguntas que los lectores llevan a él desde la situación histórica contemporánea que habitan —hoy, la generación Z— y la común condición humana. De este modo, se genera una conciencia de búsqueda colectiva de la verdad, del acuerdo y de la pertenencia a una comunidad. ¿No está esto implícito en el efecto positivo indicado en la afirmación de los alumnos: «above all others, the ability to listen to other opinions in the seminars»?

---

[46] Cf. Nieman, M. M. y Monyai, R. B. *The Educator as Mediator of Learning.* Pretoria: Van Schaik, 2006.

[47] Cf. Mora-Fandos, J. M. In dialogue with *Antigone*: Ricoeur's theory of reading as a tool for designing a core texts course. Brooks, E., Cohen de Lara, E., Sánchez-Ostiz, Á. y Torralba, J. M. (eds.), *Literature and Character Education in Universities. Theory, Method, and Text Analysis.* Londres: Routledge, 2021, pp. 34-46.

[48] Cf. Kristjánsson, K. *Flourishing as the Aim of Education. A Neo-Aristotelian View.* Londres: Routledge, 2020.

[49] *Ibid.*, p. 132. La traducción es nuestra.

Terminemos con un pasaje de Gadamer a este respecto, que recoge algunos de los puntos propuestos en nuestro artículo:

> Pero la hermenéutica filosófica amplía más su pretensión. Reivindica la universalidad. La fundamenta diciendo que la comprensión y el acuerdo no significan primaria y originalmente un comportamiento con los textos formado metodológicamente, sino que son la forma efectiva de realización de la vida social, que en una última formalización es una comunidad de diálogo. Nada queda excluido de esta comunidad de diálogo, ninguna experiencia del mundo. Ni la especialización de las ciencias modernas con su creciente esoterismo ni las instituciones de poder y administración políticas que conforman la sociedad se encuentran fuera de este medio universal de la razón (y la sinrazón) práctica.[50]

Referencias bibliográficas

AZNAR, Francisco-Javier *et al.*, «How students perceive the university's mission in a Spanish university: Liberal versus entrepreneurial education?». *Cultura y Educación* 25(1), 2013, pp. 17-33.

CARR, David, «Four perspectives on the value of literature for moral and character education». *The Journal of Aesthetic Education* 48(4), 2014, pp. 1-16.

DÁVALOS, Corina, *La mediación del lenguaje en la comprensión de sí mismo según Paul Ricœur* (Tesis doctoral. Universidad de Navarra, 2011).

DERESIEWICZ, William, *Excellent Sheep: The Miseducation of the American Elite and the Way to a Meaningful Life*. Nueva York: Free Press, 2014.

GADAMER, Hans-Georg, *La educación es educarse*. Barcelona: Paidós, 2000.

GADAMER, Hans-Georg, «Texto e interpretación». *Cuaderno gris* 3, 1998, pp. 17-42.

GADAMER, Hans-Georg, *Verdad y método II*. Salamanca: Ediciones Sígueme, 1992.

HAN, Byung-Chul, *La crisis de la narración*. Barcelona: Herder, 2024.

HUTCHINS, Robert Maynard, *The Great Conversation. Great Books of the Western World, Vol. I*. Londres: Encyclopædia Britannica, 1952.

MACINTYRE, Alasdair, «The very idea of a university: Aristotle, Newman and us». *British Journal of Educational Studies* 57, 2009, pp. 347-362.

MORA-FANDOS, José Manuel, «In dialogue with *Antigone*: Ricœur's theory of reading as a tool for designing a core texts course». En E. BROOKS, E. COHEN DE LARA, A. SÁNCHEZ-OSTIZ y J.M. TORRALBA (eds.), *Literature and Character Education in Universities. Theory, Method, and Text Analysis*. Nueva York: Routledge, 2021, pp. 34-46.

MORA-FANDOS, José Manuel, «J. H. Newman y la generación Z. Una propuesta para hacer universidad hoy». *Instituto John Henry Newman*, 23 de enero de 2025.

MORA-FANDOS, JOSÉ MANUEL, «Mito y literatura en la formación del estudiante universitario de Publicidad y Relaciones Públicas. Una aplicación de la triple mímesis de Paul Ricœur a la lectura de grandes libros». En *Misión de la Universidad en nuestros días: un enfoque transdisciplinar*. Valencia: Campgràfic Editors, 2018, pp. 181-193.

[50] Cf. GADAMER, H. G., *Verdad y método II*. Salamanca: Sígueme, p. 247.

NAVAL, Concepción, *Educar ciudadanos. La polémica liberal-comunitarista en educación*. Pamplona: Eunsa, 1995.

NIEMAN, Marietha M. y MONYAI, Reginald B., *The Educator as Mediator of Learning*. Pretoria: Van Schaik, 2006.

OAKESHOTT, Michael, *The Voice of Poetry in the Conversation of Mankind: An Essay*. Londres: Bowes & Bowes, 1959.

RICŒUR, Paul, «La vida: un relato en busca de narrador». *Ágora. Papeles de filosofía* 25(2), 2006, pp. 9-22.

RICŒUR, Paul, *Tiempo y narración III. El tiempo narrado*. Buenos Aires: Siglo XXI Editores, 1996.

RICŒUR, Paul, *Tiempo y narración I. La configuración del relato histórico*. Buenos Aires: Siglo XXI Editores, 2004.

RICŒUR, Paul, *Sí mismo como otro*. Buenos Aires: Siglo XXI Editores, 2006.

RICŒUR, Paul, *Hermenéutica y acción. De la hermenéutica del texto a la hermenéutica de la acción*. Buenos Aires: Prometeo, 2008.

RICŒUR, Paul, *Hermeneutics and the Human Sciences*. Cambridge: Cambridge University Press, 2016.

SÁNCHEZ-OSTIZ, Álvaro y TORRALBA, José María, «The great books program at the university of Navarra: report on the qualitative narrative assessment of the Core Curriculum». *Documentos Core Curriculum* 10, 2018, pp. 1-29.

SHRIMPTON, Paul, «More Poet than Policeman: Newman and Education 'in a large sense of the word'». *Scripta Theologica* 51, 2019, pp. 775-800.

STRAUSS, Leo, *An Introduction to Political Philosophy. Ten Essays*. Detroit: Wayne State University Press, 1975.

TORRALBA, José María, «Educación liberal Made in USA». *Nuestro Tiempo* 679, abril-junio 2013, pp. 44-51.

TORRALBA, José María, «"Post-millennials": claves intelectuales y éticas». *Aceprensa*, 9 septiembre de 2019.

TORRALBA, José María, *Una educación liberal. Elogio de los grandes libros*. Madrid: Encuentro, 2022.

TURKLE, Sherry, *Reclaiming Conversation: The Power of Talk in a Digital Age*. New York: Penguin Books, 2015.

VEDDER, Ben, *Was ist Hermeneneutik? Ein Weg von der Textdeutung zur Interpretation der Wirklichkeit*. Stuttgart: Kohlhammer, 2000.

VIGO, Alejandro G., «Caridad, sospecha y verdad. La idea de la racionalidad en la hermenéutica filosófica contemporánea». En F. de LARA (ed.), *Entre fenomenología y hermenéutica. Franco Volpi in memoriam*. Madrid: Plaza y Valdés, 2011, pp. 165-202.

José Manuel MORA-FANDOS

Ricardo Calleja (ed.), *Ubi sunt? Intelectuales cristianos: ¿Dónde están? ¿Qué aportan?, ¿Cómo intervienen?*
Madrid: Ediciones Cristiandad, 2024. 320 pàg.

Ens trobem davant d'un llibre inusual que pregunta pel seu propi autor. On són els intel·lectuals cristians? Alguns, si més no, és clar que dins d'aquest volum.

Ricardo Calleja exerceix les funcions de mestre de cerimònies i, al mateix temps, de solista en alguns dels capítols: escriu la presentació general, també la introducció de cadascuna de les quatre parts de l'obra i, finalment, dos dels articles de la primera part, un de la tercera i un de la quarta. Malgrat l'aparent sobre-exposició, les seves intervencions no sols no trenquen l'equilibri del conjunt, sinó que, en realitat, fan possible que es pugui parlar realment d'un conjunt.

Això, Calleja ho duu a terme sobretot amb la narració, al començament, de la polèmica que es troba en l'origen de molts dels escrits que formen part d'aquesta obra col·lectiva. Tot va iniciar-se amb una peça de Diego Garrocho, professor a la Universitat Autònoma de Madrid, publicat el 2020 al diari *El Mundo,* en la qual plantejava la pregunta del títol. A partir d'aquí se succeïren les respostes i s'anaren esmolant els termes del debat. El present volum es limita a recollir els principals d'aquests textos, més uns quants escrits ad hoc per a l'ocasió. Un editor amb capacitat articuladora era una condició imperativa.

La gran qüestió abordada es desplega, finalment, en quatre seccions que la precisen i l'allargassen: on són els intel·lectuals cristians, d'on surten, què aporten i com s'ho fan, val a dir, de quina manera intervenen en les disputes del nostre temps. No entrarem ara amb detall, per raons òbvies, en tots i cadascun dels textos publicats: vint-i-un, sense comptar la presentació general i la introducció de cada part, més un apèndix d'Enrique García-Máiquez i un epíleg d'Higinio Marín. Tampoc no amagaré la meva debilitat per aquestes dues darreres col·laboracions. Tanmateix, el que ara importa és fer-li avinent al lector l'estructura general i el gran conjunt «intel·ligible» que li proporciona un contingut determinat.

La primera secció aborda el tema principal del volum, a partir de la discussió desencadenada pel treball de Garrocho del 2020. Aquí es formulen els termes mateixos de l'assumpte: intel·lectuals?, cristians?, intel·lectuals cristians?, presents?, absents?, amagats?, superflus?... Ricardo Calleja formalitza el debat i alguns dels seus extrems; Diego Garrocho reprèn el seu treball inaugural, agraint les respostes que va suscitar com el millor destí d'un text publicat en el seu moment sense especials pretensions, i hi afegeix algunes remarques malenconioses; Miguel Ángel Quintana Paz es pregunta amb un punt d'acidesa si no és a dins que cal buscar els principals responsables que no hi hagi prou idees cristianes a l'espai públic, i confessa el seu (nostre) fracàs en aquesta qüestió; Estrella Fernández-Martos insisteix en la pregunta de Quintana —i en l'acidesa, tot just amorosida per l'amor a l'art i a la bellesa; i la segona intervenció de Calleja i la de Juan Arana giravolten el tema dels «intel·lectuals cristians». Mentre el primer estableix sense gaires escarafalls la connexió existent entre aquesta qüestió i el clàssic debat sobre la «filosofia cristiana» —m'he de resistir a convertir-lo en un camp per a batalles meves molt personals—, el segon més aviat es preocupa per l'absència d'intel·lectuals en general en l'esfera cultural espanyola, sense trobar especialment preocupant que n'hi hagi pocs de cristians explícits.

La segona secció sembla fer una marrada, i s'interroga pels llocs de procedència dels intel·lectuals cristians. És una manera de posar sobre la taula el tema —espantós— de les escoles catòliques avui (Javier García i Rafael Lafuente), les universitats catòliques (José M. Torralba i Lucas Buch), les realitats carismàtiques a les quals pertanyen si més no diversos dels coautors del llibre (diàleg coordinat per Pablo Velasco) i, finalment, el tema dels desapareguts entre els desapareguts: els intel·lectuals cristians eclesiàstics, que abans dominaven l'escena absolutament, i que ara semblen haver cedit el pas als laics (Fray Vicente Niño, OP). És significatiu el final d'aquest darrer escrit: remetent a la conclusió d'*After Virtue* d'Alasdair MacIntyre, on invoca Sant Benet, Fray Vicente, dominic, conclou: «esperamos a un nuevo santo Tomás de Aquino».

La tercera part se centra en allò hipotèticament més propi de l'aportació dels intel·lectuals cristians a les disputes contemporànies. Calleja torna a fer una peça bonica —oberta a mil batalles més, com l'anterior— sobre les veritats que, en bon tomisme, no calia que fossin revelades, però que, finalment, varen ser-ho (ell en diu «verdades desveladas por el cristianismo»), molt en particular certes «veritats metapolítiques» especialment sensibles en els contextos actuals. Els cinc textos restants són, dos, del Papa Francesc (un de la *Laudato si'* sobre la teologia de la creació i l'altre, d'inconfusible aroma ratzinguerià, de la *Lumen fidei*) i, entre ambdós, un de José Granados sobre la teologia del cos, un altre de María Calvo sobre la perspectiva cristiana respecte de la identitat femenina i un d'Alejandro Rodríguez de la Peña sobre el misteri del mal i del sofriment en el seu biaix cristià més específic.

La quarta i darrera part posa la qüestió de la manera en què es produeix o caldria que es produís la intervenció dels intel·lectuals cristians en el debat públic: Daniel Capó ens proposa una reflexió delicada, com totes les seves, que es resumeix en l'afirmació, digna de llarga meditació, que «nadie es foco de su propia verdad»; Mariona Gúmpert escriu el text més bel·ligerant, sobre la necessitat imperativa que els cristians s'impliquin en la guerra cultural; Ricardo Calleja ressegueix els escenaris de les batalles culturals avui, en un text que acaba sent un magnífic elogi de la litúrgia; Armando Zerolo fa una bella peça sobre la guerra cultural i el cristianisme marxista, que al final no és altra cosa que una reflexió sobre què entenem per «eficàcia»; finalment, Juan Meseguer ens adreça un al·legat a favor d'una forma de presència cordial i benvolent dels cristians en la cultura, consistent amb el fet que el conflicte i el poder, sens dubte presents arreu, no poden ser els que defineixin el posicionament cristià tampoc en aquest àmbit.

Com ja he dit més amunt, el llibre acaba amb l'apèndix de García-Máiquez i l'epíleg d'Higinio Marín. Són els textos més llargs i amb una major ambició explicativa. El repàs que García-Máiquez fa d'un munt d'exemples concrets d'intervenció cristiana en la cultura del segle XXI ajuda a contenir el desànim i resulta inspirador; les preguntes sobre la pregunta Ubi sunt? que es fa Higinio Marín faciliten una descripció concisa del paisatge en què ens trobem, donen algunes raons per al predomini d'un cert progressisme cultural i justifiquen la resposta al relat secularitzador i destradicionalitzador que el debat planteja als intel·lectuals cristians, sobretot als laics, en el moment present, i malgrat unes i altres incomoditats, com és, principalment, la que provoca el paper de jutge i part d'un Estat altament ideologitzat.

Amb aquests escrits el llibre arriba al seu final. Ens permetem, a continuació, de fer-hi algunes remarques una mica més de contingut; el seu caràcter elusiu no era obligatori, però tampoc sol ser útil dir les coses en veu massa alta, sobretot si tenen algun deix, per petit que sigui, crític, o si més no reflexiu, i en relació a una munió de textos d'una vintena llarga d'autors amb els quals és inevitable que hi hagi tant coincidències com discrepàncies més o menys puntuals.

On són, els intel·lectuals cristians? Si se'm permet, com a observador, una mínima participació en el debat, m'atreviria a dir que són al mateix lloc en què es troben els seus contemporanis, molts dels quals esperen, a dins o a fora de la cleda, les seves reflexions. El Crist i els seus testimonis (els sants, els concilis, els papes, els grans teòlegs) són el lloc d'on venim i allà on anem, però no on som avui, si prescindim ara dels sagraments i de la litúrgia i si ens deixem estar de detalls i singularitats particulars: la zona on vivim uns i altres és la devastació. Això no és pessimisme, sinó una constatació fàctica, com la del baròmetre que mesura la tempesta. Sabem d'on procedim i a on ens adrecem: és el més fonamental. Conèixer igualment on ens trobem i d'on hem de partir, sembla imprescindible per no errar la via.

La nostra manera de fer-nos presents en aquest escenari pot i ha de ser múltiple. No crec que n'haguem de prescindir, de cap d'elles. Però tampoc no n'hem de privilegiar algunes, en particular aquelles que fins ara es consideraven els instruments apologètics per excel·lència. La teologia natural de tipus tomista va caure amb la gran fallida de l'escolàstica al llarg del segle XX. Això no vol dir que hagi perdut la seva validesa intrínseca ni que no segueixi havent-hi persones que puguin atansar-se al nucli de la fe gràcies a aquest mitjà. Però això tampoc ha de fer-nos oblidar que, per a un munt dels nostres contemporanis, la seva evidència és avui mínima: pressuposa encara massa coses, i coses que no pertanyen al cor propi del missatge del Nou Testament i que obliguen a fer excursions laterals que sovint no porten on hom voldria arribar: premisses sobre l'ordre natural pròpies dels grecs i de molts dels pobles pagans, obvietats sobre l'ordre polític i social del mateix origen, etc. Totes elles són transparents per a qui s'hagi educat amb Aristòtil o algun dels seus equivalents gairebé des del bressol; però d'aquests en queden ja molt poquets. És clar que estem en un desordre postcristià i, a fi de comptes, també postpagà. No hi ha, avui, amb l'excepció d'uns escassíssims reductes molt aïllats, autèntics pagans, sinó pagans «malmesos» pel cristianisme: «neopagans». És molt difícil donar Aristòtil per suposat en aquestes condicions. La dramatúrgia intrínseca a d'altres autors com Plató, per exemple, facilita una mica les coses, però tampoc les fa enterament transparents.

Afegeixo endemés que no crec gaire en les grans accions públiques i les iniciatives col·lectives impressionants, per més que no cal que renunciem a reunir uns milers de persones a un o altre racó del món si les condicions són favorables. Tanmateix, estic convençut de la veritat de l'opinió de Ratzinger-Benet XVI que ens recorda García-Máiquez: que els cristians només poden canviar el món de manera indirecta, «como quien no quiere la cosa». Entestar-se a ferho d'altres formes més grandiloqüents sospito que sols serveix per fer-nos més agradosa la nostra imatge al mirall.

La pitjor de totes les equivocacions, però, seria convertir la indignació en la via ordinària de comunicació amb el món. Resulta normal i, de vegades, saludable, fins i tot educatiu, empipar-se amb les banalitats d'una oposició que es distingeix més per la manca de criteri, de cultura i de profunditat, que no pas pel páthos transgressor i sovint tràgic dels clàssics de l'ateisme. És una de les coses més tristes del moment actual: el grau de desgavell mental que exhibeixen tants participants en el debat públic i, entre ells, tants enemics del cristianisme. Ni tan sols la malignitat de les intencions sovint subjacents no passa de ser una futilesa vulgar i insubstancial. Més lamentable resulta el fet que una gran quantitat dels nostres conciutadans, educats en una escola i uns mitjans destinats a preparar-los per entendre únicament estereotips i exabruptes anodins, els facin cas. Però quedar aturats en aquest moment de l'enfuriment sols certifica la nostra incapacitat d'atènyer la santedat interna a tots els instants del temps i de la història, i dóna, doncs, un testimoni que es regira contra nosaltres. Què en són d'admirables els ancians que no han perdut la capacitat de sorpresa i d'admiració, l'instint per allò inèdit i poc o gens escoltat! Però que potser el cristianisme no és ja un d'aquests vellets que seuen a la porta de casa seva, agraïts i bocabadats, contemplant com acaba de passar el món sempre nou pel davant dels seus ulls esbatanats? Ningú no ho ha dit de manera més meravellosa, fins allà on arriben les meves notícies, que Jean-Marie Lustiger: «les siècles n'ont pas épuisé la nouveauté irréductible du Christ. Le cours des temps commence seulement à manifester l'originalité singulière du christianisme». Els mons modern i postmodern han declarat obsoleta la fe cristiana, dissolta per la crítica i superada per la ciència i l'acció social. Res no és més oportú, més exacte, més desconcertant i, alhora, més convincent, que la fresca certesa expressada per aquestes preguntes atrevides: «Notre temps ne serait-il que les prémices et les commencements de l'ère chrétienne ? (...) Ne sommes-nous pas toujours dans les premiers commencements du christianisme ?».

Per acabar i enmig de les darreres remarques: el llibre ressenyat té la virtut indubtable d'haver estat valent i oportú. Això vol dir que era necessari. No penso que hi hagi millor justificació per a una publicació ni elogi més gran per als seus responsables. Això fins i tot amb total independència del fet, incvitable en tota obra coral, que les aportacions siguin desiguals des de punts de vista diversos. Aquest llibre ha acomplert una missió, i aquesta missió calia dur-la a terme, i s'ha fet amb dignitat, riquesa de contingut i pluralitat de perspectives. L'enhorabona a tots els que hi han participat i, sobretot, a tots els qui ara poden ser els seus lectors.

Carles LLINÀS PUENTE
Research Group on Smart Society
La Salle – Universitat Ramon Llull

Lauro Zavala, *Estética y semiótica del cine: hacia una teoría paradigmática.*
Ciudad de México: Universidad Nacional Autónoma de México, 2023. 332 pàg.

Lauro Zavala és un referent de l'àmbit de l'anàlisi cinematogràfica, especialment a Llatinoamèrica. Doctor en Literatura pel Colegio de México, actualment és professor a la Universidad Autónoma Metropolitana de México, on combina la docència amb la investigació en àrees com la teoria literària, el cinema o la semiòtica. I és precisament en aquest últim camp on es produeix la seva gran contribució amb el desenvolupament de més d'un centenar de models d'anàlisi textual, que serveixen per abordar qualsevol producte cultural, des de contes, passant per pel·lícules, documentals o novel·les. També és un autor prolífic que ha publicat diversos llibres i articles científics, ha impartit cursos i conferències, i actualment presideix l'Associació Mexicana de Teoria i Anàlisi Cinematogràfica.

Publicada per la Universidad Nacional Autónoma de México (UNAM) l'any 2023, la seva última obra, *Estética y semiótica del cine: hacia una teoría paradigmática*, és una tasca intel·lectual encomiable. Fruit de més de tres dècades de recerca i amb un llenguatge accessible, el llibre proporciona un marc global per entendre i ubicar al lector el punt en què es troba la teoria fílmica. En aquest sentit, no es tracta només d'un recorregut cartogràfic per les diferents postures historiogràfiques o fenomenològiques al llarg de la història del cinema, tal com afirma el catedràtic en narrativa audiovisual Aarón Rodríguez, sinó que proposa la introducció d'un nou model que ell anomena «paradigmàtic». Un marc analític que li permet examinar els trets formals de qualsevol producció simbòlica en termes de clàssic, modern i postmodern, i que bé podria esdevenir una reelaboració de la teoria proposada per Jesús González Requena a *Clásico, Manierista, Postclásico* (Castilla Ediciones, 2006). Aquest model, però, no té caràcter historiogràfic ni tampoc té voluntat d'esdevenir una eina purament de catalogació taxonòmica, sinó que neix com a resposta al formalisme rus de principis del segle xx. Per tant, podria ser més proper a una variant del *neoformalisme*, en tant que «posa especial èmfasi en la forma entesa com el veritable contingut de tot producte humà» (pàg. 9).

La part inicial del llibre serveix a Zavala per a realitzar un exercici didàctic on defineix les principals característiques dels components semiòtics que constitueixen aquestes tres formes de cinema —clàssic, modern i postmodern. En primer lloc, trobem el cinema clàssic, establert sota les convencions definides per la tradició cinematogràfica, que fan que el seu significat sigui universalment reconeixible. Dins d'aquest cinema la composició visual és estable (horitzontal, omniscient i selectiva, des de la perspectiva de l'espectador), el so té una funció didàctica (acompanyant la imatge per reforçar-la, intensificar-la o corroborar-ne el sentit), l'edició és metonímica (la imatge confirma el seu significat en establir la relació que ocupa amb les altres) i l'estructura narrativa està organitzada seqüencialment, de manera que la història i el discurs coincideixen en un punt concret, i sovint desemboquen en un final concloent i sorprenent per l'espectador —un final anomenat «epifànic» (pàg. 17-19).

En segon lloc, el cinema modern suposa una ruptura amb la tradició anterior i una reivindicació de la visió de l'autor individual en oposició a les normes de tradició genèrica a les quals estan sotmesos els autors clàssics. En el cas modern, l'edició passa a ser expressionista (cada unitat narrativa pot ser autònoma respecte de les altres) i el so té una funció sinestèsica (s'anticipa a la imatge o en té plena autonomia), l'espai precedeix el personatge i arriba a tenir una independència o hegemonia total sobre aquest —un cas clar és l'expressionisme alemany de principis del segle XX—, i l'estructura narrativa, en contraposició amb el cinema clàssic, tendeix a alterar la successió temporal cronològica i la causalitat, sovint amb un final obert on es neutralitza la resolució del conflicte i s'abraça l'ambigüitat (pàg. 20-22).

Finalment, el cinema postmodern és la conjunció entre els elements tradicionals del cinema clàssic i alguns elements concrets del cinema modern, apostant per l'autoreferencialitat i la ironia. La imatge postmoderna té una autonomia referencial i no busca representar la realitat exterior ni subjectiva, sinó construir-ne una de nova. Tant l'edició (alternant o simulant estratègies causals o expressionistes) com el so (intercanviant funcions didàctiques, asincròniques o sinestèsiques) són itinerants, la posada en escena és fractal (independent del personatge) i l'estructura narrativa està organitzada en un sistema de simulacres de narrativa i metanarrativa (on una mateixa escena pot tenir un sentit literal o ser una reflexió de la mateixa cinta) amb un desenllaç que acostuma a incloure un simulacre d'epifania, on el sentit últim depèn de la interpretació de l'espectador (pàg. 23-24)

Tot i la distinció entre els límits d'aquestes tres formes cinematogràfiques, l'autor matisa —creiem que no sense certa polèmica implícita— que no existeixen pel·lícules pròpiament clàssiques, modernes o postmodernes com a tal, sinó lectures contextuals que fa l'espectador a cada projecció. D'igual manera, els recursos que configuren els films poden pertànyer simultàniament a diferents paradigmes. És per això que les pel·lícules sempre són diferents, com ho és també l'espectador en el moment de la seva projecció (pàg. 26). Una afirmació postmoderna que llega amb la *metalepsis*, concepte al qual Zavala dedica un capítol a la part final del llibre, i que parteix de la idea segons la qual «la manera en què l'espectador percep i interpreta la realitat és resultat de contextos i codis específics d'interpretació, el sentit dels quals pot canviar en el moment que canvia el context de recepció» (pàg. 281).

A partir d'aquí, la resta del llibre s'estructura en cinc grans seccions —teoria cinematogràfica, anàlisi cinematogràfica, llenguatge cinematogràfic, gèneres cinematogràfics i fronteres cinematogràfiques—, dins de les quals trobem contribucions en diversos camps d'estudi. En el de teoria cinematogràfica, Zavala reflexiona sobre una metateoria del cinema, on planteja un diàleg sobre les diferents teories i l'anàlisi en general, i ho fa a partir de les preguntes que es formula un espectador en veure una pel·lícula. Dins d'aquesta secció trobem també una altra de les aportacions més significatives del llibre com és la «glossemàtica narrativa», un sistema d'anàlisi a partir dels models proposats pels lingüistes Ferdinand de Saussure i Louis Hjelmslev, i més recentment, el semiòleg Jürgen Trabant i el crític Seymour Chatman, que li permet estudiar la relació que s'estableix entre el llenguatge, l'estructura, el gènere i la ideologia d'una obra audiovisual. El model resultant és útil per traslladar qualsevol sistema de signes (com pot ser la pintura, l'arquitectura o la filosofia) al llenguatge audiovisual (pàg. 56-62).

De manera encertada el capítol dedicat al «gir sonor» reivindica el paper que juga el so a l'audiovisual —sovint oblidat dins dels estudis cinematogràfics—, i que aporta, com a mínim, la meitat de l'experiència que viu l'espectador en veure una pel·lícula. Zavala afirma que «mentre la imatge visual representa allò que està *absent*, el so, en ser rebut a través de l'oïda i del propi cos, està *present* en l'espai on té lloc la projecció. Per tant, podem dir que no només percebem una pel·lícula, sinó que també l'experimentem» (pàg. 76). A partir del treball de la professora Elsie Walker, l'autor es fa valer de termes propis de l'univers musicològic —com poden ser la cadència, la polifonia o la textura—, per adaptar-los a l'anàlisi, no només de la banda sonora, sinó també d'altres components formals com la imatge, l'estructura narrativa o la posada en escena (pàg. 79-84).

El capítol dedicat al llenguatge cinematogràfic és el més estimulant de tot el llibre, en tant que profunditza en els aspectes clau del llenguatge cinematogràfic per formular manuals d'anàlisi partint de les contribucions dels principals referents de la teoria fílmica. En el cas del punt de vista (POV), Zavala esbossa un model general que integra les funcions que aquest compleix en tots els casos: tecnologia, discurs i ideologia (pàg. 127). L'origen de totes les teories del POV radica en la pregunta de «qui explica la història?», i determina la ubicació de la càmera —i el necessari posicionament de l'espectador en una perspectiva particular dins del relat—, així com la construcció de l'interès narratiu (pàg. 128). D'altra banda, resulta igualment enriquidora la reflexió sobre la representació de la violència en el cinema de ficció, on l'autor aplica el seu model paradigmàtic per definir tres grans estratègies d'articulació entre l'experiència estètica de l'espectador i el contingut ideològic: la «violència funcional» (pròpia del cinema clàssic, on la seva presència queda justificada narrativament), la «ultraviolència» (característica del cinema d'autor, que pretén romantitzar-la amb una tendència a la moralització) i la «hiperviolència irònica» (específica del cinema postmodern, que conté trets estilístics de caràcter autoreferencial) (pàg. 152-153). Dins d'aquest mateix capítol, trobem també una aproximació a la teoria paradigmàtica del muntatge on Zavala s'estén a proporcionar alguns exemples en el cinema clàssic, modern i postmodern. En aquest sentit, resulta interessant l'anàlisi detallada del que l'autor denomina com a «muntatge cubista», on posa a dialogar una de les escenes més conegudes de la història del cinema com és l'escalinata d'Odessa del film *El acorazado Potemkin* (Sergei Eisenstein, 1925) i la seva declinació expressionista de *Los Intocables* (Brian de Palma, 1987) (pàg. 172-181).

Com a conclusió, podem dir que *Estética y semiótica del cine* de Lauro Zavala no és merament una guia de consulta dirigida tant a professionals com a aficionats dels estudis cinematogràfics, sinó una reflexió de fons sobre la manera que tenim d'entendre i relacionar-nos amb el cinema, enaltint la cinefília com una forma elaborada de teoria. Tot i les controvèrsies que pugui suscitar, el «model paradigmàtic» proposat per Zavala configura una eina d'anàlisi valuosa per a l'estudi dels components del llenguatge cinematogràfic i consolida l'autor com un dels pensadors de referència en llengua hispana.

Laura BLANCO RAMÍREZ
La Salle – Universitat Ramon Llull

Ángel Ruiz Pérez, *Introducción a la religión griega.*
Madrid: Síntesis, 2025, 184 pàg.

Que la religió és un element irreductible i indestriable de la cultura humana d'ençà que n'hi ha testimonis és quelcom indiscutible, per molt que alguns intents positivistes decimonònics hagin tractat de cercar una etapa històrica primigènia presumptament a-religiosa o d'amagar l'àmbit natural dels anhels humans més profunds per mitjà d'un culte no menys religiós al mite modern del progrés científic. Com ens recorda sovint el reputat historiador de les religions Mircea Eliade, les estructures religioses perviuen també de forma inconscient en el món pretesament secularitzat, ja que d'ençà que l'ésser humà ho és, anhela l'ordre i el sentit, cosmitza l'espai i el temps, està assedegat d'una plenitud d'ésser que es manifesta de forma privilegiada en l'esfera del sagrat.

Malgrat les dificultats epistemològiques i hermenèutiques que pugui comportar el fet que avui fem servir quasi inevitablement un terme d'origen llatí *(religio)* —desconegut entre els grecs antics i entre la majoria de tradicions «religioses»— per designar allò a què ens volem referir, el mateix mot ens obre un espectre prou ampli de sentits que permeten ja reconèixer la immensitat d'aquest fenomen. Siguin lingüísticament vàlides o no, les interpretacions etimològiques que s'hi han donat des d'antic ens mostren la riquesa d'aquesta experiència, tal volta no només humana. La religió apel·la a la raó *(relegere)* per mitjà d'una consideració atenta o discerniment que intenta comprendre allò que creu, separant-ho de la mera superstició, com suggerí Ciceró. Implica igualment una relació personal o lligam de pietat *(religare)*, com proposà Lactanci. Posa en joc la voluntat i l'elecció lliure *(reeligere)* com apuntà Sant Agustí. I reconeix una realitat «separada» de l'àmbit profà *(relinquere)* com interpretà Macrobi, que és també memòria comunitària d'una tradició *(relictum)*. Com indicava Zubiri, ens trobem relligats a una realitat fonamental, i la pluralitat de religions positives, malgrat no es puguin assimilar ni reduir a cap nucli comú, són manifestacions d'un anhel específicament humà.

La cultura grega antiga no n'és doncs en absolut una excepció. La religió marca el ritme de la seva vida cívica i el seu calendari, s'expressa en la seva literatura, des dels grans poemes èpics fins a la tragèdia, origina les seves obres artístiques i arquitectòniques més notables, marca fets decisius de la seva història i organització política, i proposa a la raó filosòfica alguns dels seus temes més valuosos en relació amb la cosmologia, la metafísica, l'antropologia o l'escatologia. Com podríem comprendre en profunditat les arrels gregues de la nostra cultura d'Occident si restéssim insensibles a les formes i expressions de la seva religiositat?

És per això que un llibre com el que ens ocupa no és només d'interès per a aquell qui vulgui consagrar-se a la història o la ciència de les religions, sinó per a tot aquell lector interessat en la literatura, l'art, la història o la filosofia gregues, i en definitiva per a tot aquell qui vulgui endinsar-se una mica més en les arrels d'una cultura que segueix configurant la nostra civilització i el nostre present.

La voluntat de l'autor, Ángel Ruiz Pérez, professor titular de Filologia Grega de la Universitat de Santiago de Compostela, no és pas la d'oferir un tractat de referència per a un públic ja erudit en la matèria, ni una recerca original per a ús dels investigadors. L'originalitat de l'obra que acaba de publicar consisteix en aconseguir apropar els aspectes més rellevants de la religió grega a un públic ampli i no necessàriament especialitzat, en una obra relativament breu i didàctica que, no obstant això, no renuncia al rigor conceptual ni al debat amb algunes de les aportacions de la bibliografia científica més recent sobre les qüestions tractades.

Del llibre que ressenyem convé destacar-ne també, ja d'entrada, altres virtuts. En primer lloc, la presentació històrica del fet religiós grec, des de les primeres albors de les cultures minoica i micènica fins a l'hellenisme, l'època imperial romana i la confluència amb el cristianisme. En segon lloc, el fet d'abordar no només una introducció a les diverses manifestacions de la religió pública grega i la seva mitologia, sinó també a altres formes de religiositat no menys importants al món grec, com ho són els cultes mistèrics, i a les relacions de la religió amb la màgia o amb la filosofia. En tercer lloc, la recopilació d'una selecció de textos que va il·lustrant allò exposat en les diferents seccions de l'obra, i que inclou des de fragments de literats, filòsofs o historiadors potser ja coneguts per al lector avesat a les lletres antigues fins a transcripcions i reconstruccions de fragments epigràfics habitualment molt més inaccessibles.

Ángel Ruiz estructura l'obra en vuit capítols. Després de la Introducció, el primer capítol proposa un acostament inicial a l'estudi de la religió grega, que presenta les principals tipologies de fonts per al seu estudi —literàries, epigràfiques, papirològiques i arqueològiques—, els enfocaments i tendències més importants pel que fa a la historiografia de la religió grega i una primera presentació d'alguns dels seus trets generals i conceptes fonamentals. Entre les notes generals de la religió grega, a més del característic politeisme, de la seva diversitat i riquesa o de la seva particular relació amb la vida familiar, social i cívica, remarquem-ne dues que segurament la fan singular respecte d'altres tradicions, i que probablement condicionen i afavoreixen el naixement posterior de la filosofia: la manca d'una revelació explícita i d'un text canònic, essent vehiculada principalment pels poetes, i la manca d'un estament sacerdotal amb un estatus gaire definit, jerarquitzat i homogeni. Entre els conceptes fonamentals, per la seva banda, l'autor presenta sintèticament els diversos termes emprats en llengua grega per a referir-se a la religió, el culte o la creença.

Després d'aquesta introducció més aviat propedèutica i metodològica, el segon capítol inicia pròpiament el recorregut històric per les formes de religió gregues a l'antiguitat. Ho fa aproximant-se a algunes de les seves manifestacions en dues cultures que conformen la protohistòria de Grècia a l'edat de bronze: la cultura minoica o cretenca —sorgida a l'illa de Creta cap a l'any 2000 a.C.— i la cultura micènica —preponderant al continent des del segle XVI a.C.—, de les que es conserven testimonis tant arqueològics com escrits —en escriptura lineal A i lineal B, respectivament— abans de l'anomenada època obscura que suposà una gran crisi cultural i un consegüent retrocés en la prehistòria. De Creta i de Micenes, l'autor en destaca els trets religiosos fonamentals, posant-los en relació amb les seves arrels indoeuropees i comentant alguns dels seus elements característics pel que fa a objectes, llocs de culte, ritus i configuració del panteó.

El tercer capítol s'endinsa en la concepció grega dels déus i del món diví. Es tracta de la cosmovisió religiosa configurada principalment a partir del llegat de la poesia homèrica i hesiòdica durant l'època arcaica i que delimita els trets fonamentals de la religió pública a la Grècia clàssica, tal com és més popularment coneguda. Després d'una invitació a la caracterització dels déus en la *Il·líada* i l'*Odissea* d'Homer i en la *Teogonia* i *Els treballs i els dies* d'Hesiode, Ángel Ruiz ens convida a acostar-nos a cadascuna de les dotze divinitats que conformen el panteó olímpic, de Zeus a Dionís, passant per Posidó, Atena o Apolo, introduint-nos a les seves respectives denominacions, trets característics i relacions amb les altres divinitats i amb les realitats del món i de la vida dels grecs. Reconeixent igualment la complexitat del politeisme grec, Ruiz no s'estalvia tampoc, més endavant, una presentació de déus menors rellevants —com ho serien Hestia o Asclepi—, de societats de déus que es designen habitualment en forma col·lectiva —com les Nimfes, les Moires, Muses o els Sàtirs, entre molts d'altres—, dels déus que es relacionen directament amb fenòmens naturals —com Helios, el sol, o Eos, l'albada, per posar només dos exemples—, dels déus estrangers assimilats pels grecs —com Adonis o Cíbele—, o dels dèmons, que poden designar poders ocults o aspectes de la divinitat sense nom. L'autor no clou aquest important capítol sense abans introduir-nos igualment a les relacions entre religió i mitologia, entre religió i màntica o divinació i entre religió i filosofia, tot traçant un breu recorregut des de les concepcions teològiques presocràtiques fins als sistemes de Plató i Aristòtil.

El quart capítol, per la seva banda, es deté en l'estudi de les implicacions de la religió en la vida comunitària. La religió grega tradicional serà sobretot una religió cívica en la conformació de la qual, més enllà del mite, tindrà una importància primordial el ritual. El Dr. Ruiz ens introdueix, en aquest sentit, en el calendari i l'ordenació de les festes públiques a la Grècia antiga, principalment a Atenes, però també en l'àmbit panhel·lènic. Es presenten també aquí les tipologies més importants de rituals en diverses circumstàncies de la vida: d'iniciació, de purificació i en situacions particulars, com ara sequeres, pestes, derrotes o victòries militars. Igualment s'aborda la qüestió de l'espai sagrat, la configuració dels santuaris i els temples, així com el sentit de les imatges i representacions divines, que oscil·la entre idolatria, en figures més arcaiques, i coexistència de la recerca de la presència de la divinitat amb la consciència del caràcter de mera representació, en les grans figures criselefantines amb una iconografia més diferenciada. Particularment interessants resulten les seccions dedicades en aquest capítol a la pràctica cultual del sacrifici, atenent a les seves diverses modalitats, als aspectes verbals del culte, al sacerdoci i als cultes dels santuaris panhel·lènics.

El cinquè capítol aborda els cultes mistèrics, una forma de religiositat menys popular però no per això menys decisiva i menys influent en la cultura i en la filosofia gregues. Ruiz introdueix les característiques bàsiques de les seves organitzacions, de la seva teologia i de la seva experiència religiosa. Tot seguit, descriu breument les particularitats d'alguns dels cultes mistèrics més rellevants: el dionisisme i els mistèris bàquics, l'orfisme i els misteris d'Eleusis. No cal que recordem, en aquest sentit, com de decisiu fou l'orfisme en els inicis de la filosofia grega i com de present està en el substrat dels plantejaments antropològics i escatològics del propi Plató.

El sisè capítol es dedica a la qüestió de la màgia. Frazer, a *La branca daurada,* definí la màgia simpatètica com l'acte de coaccionar la natura per mitjà del coneixement de determinades lleis causals, de tal manera que determinats actes produeixen els efectes previstos, com una prefiguració paradoxal de la ciència moderna. Així, es podria distingir netament de la religió, que davant la ineficàcia de la màgia hauria abandonat el curs dels esdeveniments del món, en aquest cas, a l'arbitrarietat d'uns déus que cal adorar. Malgrat la interessant interpretació de Frazer —que beu, això sí, d'una comprensió positivista i dialèctica de la història més que discutible—, les relacions entre màgia i religió no son sempre tan clares per a tots els estudiosos. La màgia serà, en qualsevol cas, un fenomen que, ja sigui en forma de superstició, xamanisme, fetilleria o divinació, és present als testimonis literaris antics i ens permet comprendre més àmpliament el sentit de la relació dels grecs amb les divinitats o les forces ocultes. Per altra banda, entre la màgia i la filosofia se situarà la teúrgia, basada en les revelacions dels Oracles caldeus, que serà important per a comprendre la filosofia neoplatònica.

El capítol setè aborda una qüestió cabdal però no per això menys complexa en el cas de la religió grega: el culte als morts, els herois i la concepció del més-enllà. Després d'introduir-nos en les pràctiques funeràries més comuns, en la relació dels déus olímpics immortals amb les realitats ctòniques, i en l'estat en certa mesura intermedi dels herois, Ángel Ruiz s'endinsa en la concepció grega de la vida d'ultratomba. Ja en Homer el més-enllà es presenta de forma múltiple i fins a un cert punt contradictòria, i les interpretacions escatològiques aniran sofisticant-se amb el pas dels segles, tant des del punt de vista de l'imaginari que les acompanya com des de la interpretació antropològica i la càrrega moral que implica en relació amb la qüestió d'una retribució després de la mort. El desenvolupament i perfeccionament filosòfic de la noció d'ànima, la reflexió ètica i la influència de creences soteriològiques procedents de l'orfisme aniran perfilant una concepció escatològica cada cop més refinada.

Finalment, per a cloure l'obra, en el vuitè capítol, l'autor ens presenta els trets més importants de la religió grega en l'època hel·lenística —des de la mort d'Alexandre Magne, el 323 a.C. fins la batalla d'Àccium el 31 a.C. i la conquesta romana del món hel·lenístic—. L'homogeneïtzació cultural i religiosa que suposà aquesta etapa, així com els canvis a nivell polític, amb el declivi de la polis, i filosòfic, amb les noves escoles hel·lenístiques, configuraran una religiositat més sincrètica però també més propera a la relació personal de l'home amb la divinitat, i en general més avesada a accentuar l'esperança i la salvació en la seva comprensió de l'escatologia. Ángel Ruiz revisa la reconfiguració dels déus del panteó grec clàssic en aquesta època, així com la incorporació de déus nous o estrangers, de procedències egípcies, semítiques, d'Àsia Menor, d'Iran o de Tràcia, per exemple. Es dediquen igualment algunes seccions del darrer capítol a analitzar el paper del culte al sobirà durant l'hel·lenisme, així com l'extensió dels cultes mistèrics, de noves corrents com el gnosticisme i la relació entre religió i filosofia. El llibre es clourà valorant la pervivència de la religió grega en època imperial romana i també la seva confluència amb el cristianisme. És significatiu en aquest punt el valor simbòlic del discurs de Sant Pau a l'Areòpag d'Atenes, recollit al capítol 17 dels Fets dels Apòstols, i que marca l'inici d'aquesta tensió entre Atenes i Jerusalem, d'aquesta confluència entre l'hel·lenisme i la revelació judeo-cristiana que conformarà el nostre Occident. L'Edicte de Milà de Constantí, el 313 de la nostra era, i la posterior proclamació del cristianisme com a religió oficial de l'Imperi romà per Teodosi I, el 380, marcarien un punt d'inflexió decisiu sobre el futur de la pràctica de la religiositat grega antiga. Els fragments que clouen l'obra, d'Eusebi de Cesarea i Gregori Nazianzè, respectivament, mostren bé com el cristianisme trobà en l'hel·lenisme una via per a fer quallar el seu missatge.

La religiositat grega antiga deixaria de ser, en els segles posteriors, una religió viva, però la seva petjada segueix present en les lletres i la cultura antiga, que no deixa de parlar-nos avui amb renovada actualitat. L'obra que presentem ens convida igualment a no menystenir tampoc ara la qüestió religiosa, particularment important per a comprendre el naixement i el desenvolupament de la tradició filosòfica occidental. Ens podríem preguntar, fins i tot: i si la filosofia antiga, lluny de suposar un replantejament secularitzat i racional d'algunes preguntes formulades per la religió —un pas del mite al logos—, hagués assumit en la forma d'un particular gnosticisme, les aspiracions i la funció de la pròpia religió grega? És el propi Plató (vid. *Fedó*, 69c-d) qui potser veladament ens convida a fer-nos aquesta pregunta.

Joan CABÓ RODRÍGUEZ
Research Group on Smart Society
La Salle – Universitat Ramon Llull

Michel Foucault, *La cuestión antropológica.*
Madrid: Siglo xxi, 2024, 312 pàg.

La publicació de l'obra de Foucault a Ediciones Siglo xxi continua el seu afany per anar publicant les obres —i els escrits inèdits— del pensador francès que tant ha influït mitjançant el seu magisteri, especialment el dictat dels seus cursos —que després es convertiran en obres escrites. La qüestió antropològica és un d'aquests cursos preparats minuciosament i pronunciats oralment davant d'un grup d'alumnes, alguns dels quals en van prendre notes —com és el cas de Jacques Lagrange. L'editora Arianna Sforzini ens situa el curs de Foucault en la seva reflexió al final del llibre (pàg. 257-310): «En els arxius de Michel Foucault que es conserven a la Biblioteca Nacional de França (BNF) hi ha una caixa amb el número 46 titulada «Cursos a la Universitat de Lille». Aquesta caixa, que conté més de quatre-cents folis, inclou diversos plecs amb desenvolupaments concisos sobre temes diversos per a aspirants al concurs habilitant per a la docència en secundària i terciària i potser reservats a «minicursos», dos manuscrits i un curs complet per a estudiants. És aquest últim curs el que editem aquí, amb el títol *La qüestió antropològica*» (pàg. 257). Es tracta d'una obra redactada en forma d'apunts, títols i paràgrafs, amb un estil esquemàtic i una mica críptic, que en dificulta la lectura i comprensió.

L'obra porta com a subtítol: «Una història de la pregunta per l'home» (curs de 1954-1955). És possible que Foucault ja hagués impartit el curs prèviament, a l'École Normale Supérieure (abans de 1954) i a la Facultat de Lletres de Lille (1952-1953). En tot cas, es tracta d'un curs que se situa al voltant dels anys 50 a càrrec d'un jove Foucault. Pel que sembla, els apunts del pensador francès i la referència a un índex de capítols podien suggerir el desig de donar forma a un futur llibre. Foucault afronta de ple —amb la genialitat i sinceritat que el caracteritzen— la qüestió de l'home. De seguida se'ns planteja el tema del mètode arqueològic seguit per Foucault. L'autor va resseguint les grans etapes de la història de la filosofia per interpretar —en el sentit més literal de «repetir allò dit» (pàg. 240)— els grans moviments espirituals que permeten comprendre la història de la qüestió i el seu desenllaç final, en allò que Foucault denomina el nihilisme historial (pàg. 180). Per al pensador francès, la història és un actor agent que manifesta o oculta —seguint la terminologia de Heidegger—, desvela o vela, descarta o elogia l'ésser, com una història sempre inacabada i repetitiva de la veritat. Foucault s'enllaça amb aquella «història de l'ésser' desenvolupada pel gran Heidegger en la seva magna obra *Nietzsche*. «La història occidental com a destí de l'ésser: això va ser el nihilisme», dirà Foucault (pàg. 245). Segons el que s'ha dit, Foucault integra la qüestió de l'home i la seva relació amb la veritat en la qüestió més profunda del desplegament de la història i el destí de l'ésser (pàg. 239). Les anàlisis del francès condueixen a la interpretació de la transcendència de l'ésser —allò que Nietzsche, ja boig a Torí, denominarà les grans eternitats— (pàg. 224). Així, divideix el treball —el dictat del curs— en tres grans capítols que coincideixen amb tres grans èpoques de la història de la filosofia. Cada moment de la història del pensament es caracteritzarà per un moviment històric i interpretatiu en relació amb l'ésser —aquell ésser en què es dissol cada ésser humà. La part I porta com a títol: «Coneixement de l'home i reflexió transcendental». L'antropologia que discorre entre Aristòtil i Descartes és una antropologia transcendental que depèn de la tesi omnímoda de l'absolut que corona el món i la història (món sensible i suprasensible). Per als pensadors cristians, l'home és la referència constant a Déu com un petit déu creat a la seva imatge i semblança, tot i que dotat d'una naturalesa caiguda. Per aquest motiu, l'antropologia resulta estranya per a la filosofia clàssica. «A l'home li resulta impossible, en la seva interpretació del món, caure en "l'antropologia"» (pàg. 58). Tanmateix, en el text de Foucault es perceben grans absències: ni Plató, ni Agustí, ni Tomàs —ni cap medieval. L'antropologia segellada per Kant —aquell que al final de la seva vida esbossa una antropologia en sentit pragmàtic— es caracteritza per l'esperit crític en totes les àrees del pensament, deixant oberta la darrera de les crítiques, precisament a aquell ésser que posseeix el poder de sotmetre el propi pensament a la crítica. Kant és el pensador que arriba a posar l'home entre les cordes del criticisme: «Al terme del pensament kantià, queden lligades [una] a l'altra per la triple exigència d'una fenomenologia, una crítica de la crítica i una crítica de l'home real» (pàg. 81).

La part II porta com a títol: «L'antropologia com a realització crítica». Qui realitzarà la crítica més radical a l'home i el seu protagonisme en el món? Foucault analitza la cordada crítica dels pensadors Hegel-Feuerbach-Dilthey, sent especialment pròdig en les anàlisis sobre l'antropologia de Feuerbach —decisiva com a canvi de perspectiva— i l'historicisme de Dilthey —immers en la noció de vida real (*Leben*) de l'home. El nostre autor segueix exclusivament la línia de Hegel i el seu rastre intel·lectual. També al·ludirà al materialisme històric de Marx, per a qui l'home real és l'home alienat en la dialèctica econòmica entre el producte i el temps —temps de riquesa i pobresa. Marx retorna la preocupació per l'home real al mateix de la història i les seves lluites socials. La filosofia ha estat alè d'una alienació que només pot anunciar la fi de la filosofia. La filosofia haurà d'abandonar els cels estrellats de l'absolut per descendir a aquella terra on la suor i les llàgrimes dels treballadors reguen el present i el futur. Foucault dedica pàgines profundes i clarividents a l'estudi de Dilthey i la seva noció universal i totalitzadora de *Geist* (pàg. 161). Gràcies a Dilthey, segons Foucault, «en el món històric comprès, l'home se sent a casa seva» (pàg. 164). L'amor per la vida que va caracteritzar el pensador alemany prepararà la irrupció pòstuma de Nietzsche, aquell pensador que absorbirà la totalitat de la història de l'ésser per fer-la seva i inspirar l'únic pensament històric que podia posar fi a l'antropologia.

La part III encunya precisament el títol de «La fi de l'antropologia». La crítica de la Revolució Francesa i de la revolució marxista desemboquen en la fúria i la lucidesa del pensament del filòleg Nietzsche, que superarà i esborrarà de la història els sermons dels sacerdots i pastors cristians «en la seva voluntat apassionada de posseir l'única veritat garantida per Déu» (pàg. 229). La interpretació transcendental dels sermons cristians —que caracteritzarà l'escriptor cristià Sören Kierkegaard— deixarà pas a la nova interpretació terrenal de la història, recordant aquelles paraules de Nietzsche: «Continueu sent fidels a la terra» (pàg. 213, *Així parlà Zaratustra*, «Pròleg», 3). Nietzsche fon tot pensament objectiu en la subjectivitat humana, de manera que provoca la dissolució fulminant i desconstructiva de tota cara i essència humana. Així, més enllà de Nietzsche —encara subjecte als ídols de la transcendència: etern retorn i voluntat de poder (pàg. 225) —, Foucault afirmarà la mort —desconstrucció— de l'home (juntament amb la mort de Déu). Nietzsche romandria a la vora del nou, però subjecte als «diferencials de la transcendència» (pàg. 225) —la seva doctrina metafísica de l'etern retorn i la seva doctrina antropològica de la voluntat de poder. Efectivament, «la veritable experiència que Déu ha mort no és l'ateisme, és el nihilisme» (pàg. 244). Per a Foucault, Nietzsche és el pensador que consuma la metafísica i aconsegueix alliberar-la de tots els prejudicis com l'autèntic accés a l'ontologia (pàg. 180), quan l'únic que apareix és «la llum de l'ésser» (pàg. 219) i no «el domini de l'ens» (pàg. 242) —la distinció té ressons heideggerians.

On ens condueix la història de l'ésser com a interpretació segons el pensament de Foucault? Penso que aquesta és la pregunta decisiva que plana al llarg d'aquestes pàgines filosòfiques, plenes de concisió —propi d'uns apunts— i claredat —a l'estil més sincer de Foucault. Segons la meva opinió, Foucault és un transgressor subtil i precís dels orígens. Al final, «l'home és un fi» (pàg. 191, *Anticrist*, 3) i només queda la fugacitat de la interpretació i una existència històrica humana —enmig de les cruïlles inèdites de cada època històrica— que és una mena de somni (el somni de l'ésser davant la vigília de la raó). Foucault, evocant el Nietzsche més psicològic, escriu: «perquè l'ànima és el somni d'una consciència que ha oblidat el seu somni» (pàg. 195). Encara que la raó filosòfica, la raó tecnològica i la raó religiosa pretenguin despertar l'home a l'estat de vigília, encara que els assoliments de la tècnica pretenguin inaugurar l'absolut d'una singularitat històrica més enllà de l'humà, encara que la fe religiosa pretengui predicar una esperança meravellosa de mons futurs, la raó crítica —encara més, la raó històrica de l'ésser— només pot proclamar que no hi ha res substancial més enllà de l'existència: el somni d'una existència que desemmascara els ídols —com ja havia profetitzat Bacon als inicis de la modernitat— i busca innocentment la veritat de la no veritat. «La veritat, per convertir-se en veritat de l'ésser, ha de descobrir-se com a no veritat de la veritat i recórrer en la seva totalitat aquesta veritat de la no veritat» (pàg. 207).

Al llarg d'aquest curs oral plasmat per escrit, Foucault transita a través de tres estats existencials: el verger (la veritat), el desert (la crítica) i el jardí (la interpretació). El verger es caracteritza per la fe en l'etern: ja sigui l'eternitat del motor immòbil d'Aristòtil o l'eternitat del déu dels escolàstics i posteriors (Descartes i Malebranche). El verger és el regne de la metafísica i dels pensadors profunds (pàg. 204, *Aurora*, pàg. 446). Serà clau en la comprensió de Foucault la relació de l'home amb la veritat i la visió de la veritat de la veritat de l'home (pàg. 78). Al verger, la veritat de l'home depèn i s'escruta en la veritat i la veracitat de Déu —allò en què es fonamentava el mateix Descartes i que Foucault anima a combatre decididament (pàg. 197, *La voluntat de poder*). El desert es caracteritza per la nit i la solitud, aliats de l'esperit lliure que és Nietzsche, hereu dels grans crítics des de Kant fins a Marx i Dilthey. «La filosofia de Nietzsche seria la proclamació d'aquest desert, en el desert mateix» (pàg. 242). El desert pretén negar les delicioses veritats que es troben al verger dels metafísics i creients. Al desert, els homes es pregunten per la veritable veritat de l'home, que habita precisament en la llunyania de les veritats de tots els temps. El desert és la pàtria del nihilisme: la mort de Déu i «la mort i la fi de la metafísica» (pàg. 241). Finalment apareixeria —segons el meu punt de vista— la figura última del jardí, allà on sembla situar-se el mateix Foucault, superant els límits transcendentals de Nietzsche. Si Nietzsche era l'últim home —el creador del Zaratustra—, ara Foucault sembla situar-se ja fora de qualsevol trànsit, és a dir, en el gaudi passional del nores (nihil) de la no veritat: creant el jardí de les passions, els descobriments, els jocs, els somnis i les interpretacions. El jardí que sempre reverdeix és la pàtria del no etern, és a dir, del miratge.

Si Foucault fa els primers passos a través del jardí de l'ésser i del no etern, és perquè abans Nietzsche s'ha endinsat en el desert del nihilisme. La negativitat confrontada del nihilisme de Nietzsche ha inaugurat l'afirmació autòctona de la vida compresa com una història existencial d'interpretacions de l'ésser —la posició filosòfica de Foucault, negadora de les filosofies. Per això el pensador francès valora tant Nietzsche com aquell que «s'adona que no estem a l'altura de l'home» (pàg. 182). L'autor dedicarà les últimes pàgines a les interpretacions de Nietzsche realitzades per Jaspers i Heidegger. Nietzsche pretén proclamar «les veritats més matinals» de l'home (pàg. 183). «Cal tornar a l'instint tal com cal tornar al llenguatge» (pàg. 198). El llenguatge és l'etern intèrpret del món amagat de l'inconscient i dels instints de la vida. El jo aparent queda desproveït —buit— de tota substancialitat, veritat i transcendència (pàg. 194-196). Nietzsche és el filòsof amic del devenir i defensor de «la fluïdesa de l'essència» (pàg. 191). La llibertat ha quedat desvinculada de tot vincle precedent. «És la llibertat del desert i la solitud» (pàg. 185). Ara adopta el nom de voluntat de poder, una voluntat que enmig de la «fatalitat espiritual» (pàg. 209, *Més enllà del bé i del mal*, 231), es recrea constantment en l'etern retorn del mateix. Ara bé, com concebrà Nietzsche aquesta voluntat de poder que està a l'origen de tota vida? Tot aboca a la figura mitològica de Dionís, tan enaltida per Nietzsche com el déu-filòsof davant el déu-cristià. «Dionís seria el voler de la vida» (pàg. 215). Foucault lliga magistralment la figura de Teseu i els seus enigmes amb la figura d'Ariadna i el seu tenebrós desig. Finalment, «Ariadna s'ofereix a Dionís i es perd en ell» (pàg. 217). Dionís és la divinitat d'una nova eternitat que encarna el sentit de l'home real, l'amor apassionat per la vida i la mort, la immersió en l'enigma laberíntic del desig que sempre ressorgeix. Nietzsche transita, però s'enfonsa en la bogeria del trànsit (pàg. 233).

En l'obra de Foucault voldria destacar la importància que concedeix al filòsof Kant. Kant és la punta de llança d'una crítica que no només afecta l'àmbit del coneixement, l'ètica i la religió, sinó que també ha d'afectar el mateix ésser humà. Kant és la crítica de l'antropologia que assenta les bases a la crítica de la crítica de l'antropologia. Kant és aquell que a través de l'estudi de la raó prepara el terreny per comprendre els somnis de la raó (importància de la imaginació). Encara més, es comprendrà la raó com un somni, i l'ésser humà com el somni il·lusori d'una vida que des de les seves condicions internes (la vida en si mateixa) i externes (els atzars de la vida), viu! Foucault reprendrà la quarta pregunta de Kant en la seva obra *Lògica* (pàg. 78). Es pregunta el filòsof alemany: Què és l'home? Es tracta d'una pregunta que aglutina tant la universalitat de tots els homes, com la universitat del concepte general d'home (pàg. 72). Què ocorre realment en el pensament crític de Kant? El filòsof que havia extralimitat la fe fora dels límits de la raó —desvirtuant el quefer de la metafísica—, ara obre la possibilitat d'una comprensió infundada —sense veritat— de l'home. La pregunta de Kant presagia la tragèdia moderna de l'home i és anticipació del descens del Zaratustra (pàg. 233) als fonaments primigenis de l'ésser. Kant és el preludi de la gran tempesta que acabarà amb els grans relats de la religió i la metafísica. Foucault, segons la meva opinió, desvela el vincle més profund entre el filòsof de la raó i el filòsof nihilista (Nietzsche). Entre ambdós, la metafísica de la veritat s'ensorra fins al no-res imperfecte de l'ésser que «marxa cap a la perfecció» (pàg. 227).

Voldria concloure al·ludint a la crisi de la metafísica de l'ésser, motivada al seu torn per la crisi del coneixement natural de Déu i la crisi conseqüent del fonament de l'ésser com el nom més excel·lent de Déu i el principi de tot el creat —o de tot ens finit que no existeix per si mateix. Ara l'ésser ja no està al principi, perquè Déu tampoc no està a l'origen per als pensadors més moderns. El modern té la seva ment en els ens naturals (naturalisme), en l'ésser humà (pragmatisme) i en el temps dels ens (evolucionisme), però ha deixat de clavar la seva mirada pensant en la potència de l'ésser que és la raó de tot ésser, des del petit bri d'herba fins a l'esplèndid astre solar. La religió allunyada de la raó és la que acaba fonamentant Déu, l'ànima i la llibertat. Però quan Déu ja no és evident, aleshores les grans realitats —entre elles l'home— perden el fonament i tendeixen a precipitar-se en el no-res. Qui és Kant? El filòsof del vertigen que comença a relliscar en el relliscós sòl del món i els seus fenòmens. El veritable dilema, del qual Foucault és molt conscient, és com comprenem la veritat de l'ésser (i l'ésser de la veritat). El dilema es troba entre l'afirmació de l'ésser consistent dels ens o si els ens són els que acaben determinant l'ésser, és a dir, el destí de l'ésser, de la llibertat, de la història, de la humanitat. Foucault dóna la raó a Kant i nega radicalment els orígens metafísics d'un ésser que sigui acte i principi. Ell mateix planteja el dilema en un text que citaré com a conclusió i en el qual sembla decidir-se «la filosofia» o la «no filosofia»: roman un rastre d'eternitat en l'ésser —el misteri de l'ens— o l'ésser ha perdut el rastre de l'etern i s'ha disfressat del no-res —la fantasmagoria del no-res?

Citem Foucault: «Aquesta qüestió treu [a la llum] tot un horitzó de problema: l'antropologia s'ha de presentar com a retorn a aquella pàtria perduda, restauració d'una autenticitat i desalienació, o, per contra, com a presa de consciència i projecte de l'home que marxa cap a la seva consumació i procura desxifrar el rostre de la seva veritat en el moviment del seu ésser?» (pàg. 116). I continua l'autor: «Aquesta equivalència o, millor encara, l'equívoc entre la repetició i la consumació, que va néixer de l'esforç per realitzar la crítica, però que sembla emmarcar-la entre els temes postkantians de la història i prekantians de la naturalesa, és un equívoc que apareix amb claredat en el moment en què la crítica s'efectua com a crítica de la religió» (pàg. 117). Foucault, introduint la qüestió de la crítica moderna de la religió i de les vies metafísiques d'accés a la seva existència, sembla detectar que la qüestió de l'ésser (i la comprensió de l'ésser) depèn en darrer terme de la qüestió religiosa i filosòfica de Déu. La veritat està lligada a la Veritat —i la veracitat divina. Els debats filosòfics tenen arrels teològiques i entronquen amb el discurs sobre Déu. Més que mai sembla necessària una paraula religiosa i profunda sobre Déu, el llibre creat de la naturalesa i les vicissituds humanes, per poder recuperar d'aquesta manera el discurs metafísic sobre la veritat i el sentit de l'ésser. Urgeix una bona teologia unida al pensament filosòfic a l'hora de repensar —i reprenc el llenguatge de Foucault al final de la seva obra—, el «desplegament del destí de l'ésser» (pàg. 239).

Ignasi FUSTER CAMPS
FFC – Ateneu Sant Pacià

LLIBRES REBUTS

Luis Javier García-Lomas Gago, OSB, *Las figuras del amar. El pensamiento de Guillermo de Saint-Thierry y la novedad filosófica del cristianismo.*

Madrid: Ciudad Nueva, 2025, 496 pàg.

Aquest volum, fruit d'una tesi doctoral, estudia la reflexió del monjo benedictí del segle XII Guillem de Saint-Thierry sobre el sentit últim del fenomen amorós en el cristianisme, més enllà dels límits del pensament clàssic tant grec com hebreu. Ofereix una relectura agustiniana, a la llum del Déu Trinitat, per posar l'èmfasi en la noció de relació. La definició de persona, la seva naturalesa relacional i la importància d'obrir-se a l'alteritat permetran parlar de l'estimar com el *logos* de la mateixa realitat. Aquesta conclusió s'assoleix dialogant amb autors contemporanis, a fi de mostrar la vigència i l'actualitat del pensament de Guillem de Saint-Thierry.

Ignacio Vicario (coord.), *Filosofía del lenguaje.*

Madrid: Tecnos, 2025, 424 pàg.

Aquest llibre introductori a la filosofia del llenguatge tracta sobre el significat, sobre la capacitat del llenguatge per representar o referir i la seva relació amb el pensament. S'interroga també sobre com és possible la comunicació, sobre el que es diu i es vol dir i també sobre les accions que podem realitzar mitjançant el llenguatge. S'examina el fenomen de les metàfores, els termes que designen els colors i la manera amb la qual parlem d'entitats de ficció. L'obra és una iniciativa de la Societat Espanyola de Filosofia Analítica (SEFA) per a difondre textos en castellà que serveixin de referència en diverses àrees de la filosofia.

David Edmonds, *El asesinato del professor Schlick. Auge y caída del Círculo de Viena.*

Madrid: Cátedra, 2025, 352 pàg.

Aquesta obra pretén oferir davant d'un públic ampli una biografia intel·lectual del Cercle de Viena, a partir de les raons que van conduir a l'assassinat de Moritz Schlick, un del seus representants més conspicus, el juny de 1936. El projecte de l'empirisme lògic que volgué encarnar aquest moviment volia establir la demarcació entre ciència i metafísica. Però la seva recerca tingué també repercussions polítiques i socials. David Edmonds intenta donar resposta als interrogants sobre las raons que explicarien perquè les autoritats van perseguir els seus membres, molts dels quals es van veure obligats a exiliar-se.

Dave Robinson i Judy Groves, ***Platón. Una guía ilustrada.***
Madrid: Tecnos, 2025, 188 pàg.

Aquest volum comença explicant com van influir el pensament de Plató filòsofs com Sòcrates i Pitàgores. Proporciona una exposició clara de la teoria del coneixement de Plató i com va orientar la seva reflexió sobre la política, l'ètica i la llibertat individual. També ofereix comentaris crítics sobre altres doctrines platòniques com la «teoria de les formes». Conclou mostrant com aquesta filosofia ha estimulat l'obra de pensadors contemporanis com Karl Popper i Jacques Derrida.

Jeff Collins i Bill Mayblin, ***Derrida. Una guía ilustrada.***
Madrid: Tecnos, 2025, 188 pàg.

Jacques Derrida és el filòsof més famós del final del segle xx. No obstant això, ha soscavat les regles de la filosofia, rebutjant-ne els mètodes i els procediments i contaminant-la amb estils literaris. Repudiada i celebrada, la «deconstrucció» és un conjunt desconcertant de tàctiques obliqües i alhora rigoroses per desestabilitzar textos, significats i identitats. Aquest volum presenta i explica de manera divulgativa aquest pensament.

Asunción Herrera Guevara, ***Más que posthumano, transhumano.***
Madrid: Tecnos, 2024, 152 pàg.

En aquest volum l'autora construeix una proposta ètica i política per donar resposta als desafiaments que plantegen les noves tecnologies i biotecnologies conegudes amb l'acrònim NBIC. El progrés científic i tecnològic ha d'anar acompanyat del progrés moral i d'una teoria de la justícia que vetlli pels interessos dels habitants de la Terra, com s'està fent des d'un posicionament transhumanista crític, present en formes actuals d'ecofeminisme i de retrocés sostenible.

Carl Schmitt, ***La situación de la ciència jurídica europea.***
Madrid: Tecnos, 2025, LXI + 66 pàg.

José Esteve Pardo prologa i edita aquesta conferència que Carl Schmitt impartí el 1944 a la Facultat de Dret de la Universidad Central de Madrid i al Col·legi d'Advocats de Barcelona i que finalment publicà com a estudi el 1958. És un text que marca un canvi de rumb de l'autor des d'un germanisme bel·ligerant cap a l'òrbita del dret romà, obrintse al dret internacional. No obstant això, manté la seva radical oposició al positivisme legalista amb el suport de Savigny i la seva ciència jurídica.

Salvador Rus Rufino *et al.*, *Winston Churchill. Ideas y acción política en sus discursos.*
Madrid: Tecnos, 2025, 336 pàg.

El lector trobarà en aquest llibre una exposició de les idees polítiques de Winston Churchill a través de llurs paraules dins d'un conjunt seleccionat de discursos molt representatius. No es pretén publicar una nova biografia, sinó mostrar quines idees polítiques engrescaren un polític essencial per actuar amb determinació i sortir vencedor de situacions complicades en les quals les possibilitats d'èxit eren molt limitades. Churchill va fer història amb llurs idees, ideals, actuacions i projectes polítics.

Juan Roch, *¿Polarizados o paralizados? Surgimiento y transformaciones del movimiento democrático.*
Madrid: Tecnos, 2025, 168 pàg.

Davant la narrativa de la polarització aquest llibre presenta un enfocament alternatiu. Planteja que els límits i els problemes de les democràcies contemporànies han de ser estudiats des del marc de la paralització de la ciutadania. A partir d'aquesta idea, s'analitzen dues dimensions principals: d'una banda, les formes de representació política que s'han consolidat històricament i, d'altra banda, les comunitats de sentit en les quals ens integrem com a ciutadans-votants en l'esfera pública.

Ernesto López Méndez, *Voces, visiones, delirios y noche oscura. Teresa de Jesús y Juan de la Cruz.*
Madrid: Ediciones Pirámide, 2025, 332 pàg.

L'autor analitza les veus, les visions i els deliris dels dos místics més reconeguts de la tradició hispànica com una experiència secreta, i desvetlla el seu significat i la seva existència des dels principis i la metodologia analítica de la psicologia. L'experiència mística del goig està indissolublement lligada a una experiència ascètica de la malenconia: no hi ha mística sense ascètica. D'altra banda, es fa una referència crítica de la doctrina que converteix l'experiència humana de les veus i les visions, de llavors i d'ara, en una patologia mental, invalidant i usurpant, així, el seu significat existencial.

Luis Beltrán Almería, *Estética de la Modernidad.*
Madrid: Cátedra, 2025, 320 pàg.

Un dels grans reptes actuals de les humanitats consisteix a comprendre el sentit del nostre temps. Els debats sobre els conceptes de modernitat i postmodernitat permeten entendre la gran confusió que la nostra època provoca. Aquest llibre pretén donar continuïtat a una concepció de l'estètica com a filosofia de la literatura i de les arts que ha emergit a la modernitat i que, per tant, se submergeix en les seves arrels, reprenent antics arguments amb la finalitat d'il·luminar la complexitat dels fenòmens literaris i artístics contemporanis.

Pierre Bayard, *Cómo hablar de los hechos que no han ocurrido.*
Madrid: Cátedra, 2025, 216 pàg.

L'autor ens adverteix dels perills de la nostra recerca obsessiva de l'objectivitat i la veracitat a través d'exemples protagonitzats, entre d'altres, per Hanna Arendt, Orson Welles o John Steinbeck. Apel·lant a un lector crític, defensa que, deixant de banda les informacions falses, és un error considerar-ne la resta com a «veritables» i com actes de fe en lloc d'hipòtesis i interpretacions.

Jordi Teixidor i Rafael Herrera Guillén, *Las cenizas del Ángel. Un dialogo sobre Arte y filosofía.*
Madrid: Tecnos, 2025, 120 pàg.

Aquest llibre sorgeix del diàleg iniciat entre el pintor Jordi Teixidor i el filòsof Rafael Herrera en dos programes que foren emesos per TVE2. Arran d'aquestes converses, els dos interlocutors seguiren tractant temes que els interessaven: l'amor al silenci, Rilke, Heidegger, allò místic, Sant Joan de la Creu... El pintor a vegades mostrava cansament per la pintura i amor per la filosofia, i el filòsof a l'inrevés. D'aquí neix aquest volum com a diari escrit d'aquests intercanvis orals.

COMPRENDRE
revista catalana de filosofia
Vol. 27/1 Any 2025

Comentari bibliogràfic / Bibliographic Review

Ressenyes / Reviews

NORMES DE PUBLICACIÓ

· *Comprendre* és una revista de caràcter científic i de recerca que es publica dues vegades a l'any i que està oberta a treballs que tractin els àmbits clàssics de la filosofia: metafísica, epistemologia, lògica, ètica, filosofia de la ciència i de la natura, antropologia, història de la filosofia, filosofia de la religió, estètica, etc. Està dirigida a un públic universitari interessat pel debat filosòfic i humanístic actual.
· *Comprendre* accepta tres tipus de treballs: articles, notes crítiques i recensions. Els articles i les notes crítiques han de ser originals i inèdits i han d'estar escrits en català o en les principals llengües europees. Només s'admetran recensions en català.
· Cal enviar a l'adreça electrònica de la revista (comprendre@salle.url.edu) un fitxer preferentment en format Word. Els articles no sobrepassaran les 9.000 paraules (notes i bibliografia incloses), mentre que l'extensió màxima de las notes i de les recensions serà de 6.000 i 2.500 paraules, respectivament.

Tipus de lletra: *Times New Roman, cos 12, interlineat 1,5.*
· Cal incloure-hi en la llengua del treball i en anglès un títol i un resum (*abstract*) (120 paraules màxim), destacant-hi, a més, cinc paraules clau també en ambdós idiomes.
· Les anotacions a peu de pàgina es numeraran correlativament. Les referències bibliogràfiques es poden presentar també al final del text, sempre per ordre alfabètic d'autors.

Cal seguir les següents normes d'estil en totes les citacions, així com en la bibliografia final. L'autor/a es compromet a lliurar el seu manuscrit respectant aquests criteris:
Tipus de lletra: *Times New Roman, cos 10, interlineat senzill.*
a) per als llibres:
Nom complet de l'autor/a COGNOMS (en versaleta). *Títol* (en cursiva). Lloc d'edició: Editorial, any.
Exemple:
Hanna ARENDT, *La condició humana*. Trad. d'Oriol Farrès. Barcelona: Empúries, 2009.
b) per als articles de revista:
Nom complet de l'autor/a COGNOMS (en versaleta), «Títol de l'article». *Nom de la publicació periòdica* (en cursiva) [Lloc d'edició], 000 (número), 0000 (any), pàg. 00-00.
Exemple:
Carles LLINÁS, «Gerhard Krüger: Einsicht und Leidenschaft (Intel·ligència i passió). Una entrada "platònica" en el pensament del segle XX». *Comprendre. Revista catalana de filosofia* [Barcelona], IX/1-2, 2007, pàg. 159-189.

· Cal afegir al final de l'article les referències bibliogràfiques utilitzades.
· Les dades personals i acadèmiques de l'autor s'han de presentar en un fitxer a part. Han de constar-hi nom i cognoms, la institució acadèmica a la qual està vinculat, el número ORCID i una adreça electrònica vigent.
· *Comprendre* segueix els criteris de conducta ètica per a la publicació dels articles i les notes crítiques. Per això requereix que els/les autors/autores adjuntin un compromís signat de compliment de bones pràctiques juntament amb els seus manuscrits. N'està disponible un model a la web de la revista.
· Els originals rebuts, siguin articles siguin notes, se sotmetran anònimament a l'informe de dos especialistes externs designats pel Consell de Redacció, el qual es reserva el dret de publicació. Es comunicarà raonadament als autors l'acceptació o el rebuig del seus treballs en el termini màxim de sis mesos.
- *Instruccions als avaluadors*: s'avaluaran l'originalitat, el rigor acadèmic i la metodologia, la bibliografia i l'estil de l'article, abans de procedir a recomanar-ne o no la publicació o a sol·licitar-ne modificacions.

GUIDELINE FOR CONTRIBUTORS

· *Comprendre* is a scientific review which publishes two issues a year. It is opened to contributions on the classic fields of philosophy: metaphysics, epistemology, logical, ethics, philosophy of science, anthropology, history of philosophy, philosophy of religions, aesthetics, etc. It is addressed to an academic audience interested in the current philosophical and humanistic debates.
· *Comprendre* accepts three types of contributions: articles, critical notes and short reviews. Only original manuscripts not published previously and written in Catalan or in the main European languages (English, Spanish, French, German, Portuguese and Italian) will be considered for publication. Book reviews will be written only in Catalan.
· Contributions will be submitted electronically (comprendre@salle.url.edu) in a Word format file. Articles should not exceed 9000 words (including notes and bibliography). Critical notes should not exceed 6000 words. Short reviews should not exceed 2500 words.

Type of letter: *Times New Roman,* body *12,* space *1,5.*
· The title, an abstract (120 words max.), and five key words in both the original language and English must be added at the beginning of the contributions.
· Citations in footnotes will be numbered continuously. Bibliographical references can be placed in a final Work Citations section, always in alphabetical order by authors.

The next guidelines are mandatory to be followed in all the citations, as well in the final Work Citations section:
Type of letter: *Times New Roman,* body *10,* space *1.*
a) For Books:
Full Author's name SURNAME (small capital), *Títle* (italics). Place of edition: Publisher, year
Example:
Simone WEIL, *Waiting for God. Translated* by G. Craufurd. New York: Harper Perennial, 2009.
b) For Articles:
Full Author's name SURNAME (small capital), «Títle of the article». *Name of the periodical pubblication* (italics) [Place of edition], 000 (number), 0000 (year), pp. 00-00.
Example:
Carles LLINÁS, «Gerhard Krüger: Einsicht und Leidenschaft (Intel·ligència i passió). Una entrada «platònica» en el pensament del segle XX». *Comprendre. Revista catalana de filosofia* [Barcelona], IX/1-2, 2007, pp. 159-189.

· The bibliographic references used should be added at the end of the article.
· Personal and Academic affiliation should be included in a cover sheet, containing an operative electronic address as well as number ORCID.
· *Comprendre* follows the Code of Conduct for Publication Ethics in the case of articles and critical reviews. Authors are required to attach a contributor's form with the manuscript. A model is avalaible in its web.
· Contributions will be submitted to an external blind review process. The right of publication is reserved to the Editorial Board. The author will receive a response in six months. The acceptance or the refusal will be reasoned.
· *Guidelines for evaluators:* before being recommended to be published or not, or even to be modified, the articles will be evaluated according to the following items: originality, academic rigueur and methodology, bibliography and correct style.

Estadístiques de COMPRENDRE
(Revista catalana de filosofia)

	2021		2022		2023		2024	
		%		%		%		%
Articles rebuts	17		8		25		9	
Articles acceptats	14	82%	4	50%	18	72%	7	78%
Articles rebutjats	3	18%	4	50%	7	28%	2	22%
Articles d'Espanya	12	71%	7	88%	13	52%	5	56%
Articles d'Itàlia			1	13%	2	8%		
Articles de França				0%	1	4%		
Articles de Regne Unit				0%	1	4%		
Articles d'Argentina	1	6%		0%	2	8%	1	11%
Articles de Alemanya				0%		0%		
Articles de Xile	1	6%		0%		0%		
Articles de Mèxic				0%	3	12%		
Articles de l'Índia	1	6%		0%		0%		
Articles de Bèlgica				0%	1	4%		
Articles d'Ecuador	1	6%		0%		0%		
Articles d'Ukrania	1	6%		0%		0%		
Articles de Xèquia					1	4%		
Articles de Perú					1	4%		
Articles de Colòmbia					1	4%	1	11%
Articles de Brasil					1	4%	1	11%
Articles de Xina					1	4%	1	11%

REVISIÓ CIENTIFICA / SCIENTIFIC REVIEW 2024

Calvo Gómez, Miriam (Universitat Ramon Llull)
Coll-Vinent, Sílvia (Universitat Ramon Llull)
Formiga Fanals, Lluís (Verbio Technologies)
García Campos, Jonatan (Universidad Juárez del Estado de Durango)
García Lomas, Javier (Pontificio Ateneo Sant'Anselmo, Roma)
Guitián, Gregorio (Universidad de Navarra)
Hernández Chavez, Paola (Universidad Autónoma Metropolitana, Itzapalapa, México)
Hernando Juncosa, Jordi (Universitat Ramon Llull)
Lázaro Pulido, Manuel (Universidad Pontificia de Salamanca)
Luján Atienza, Ángel Luis (Universidad Castilla La Mancha)
Martínez Gallego, Miguel Armando (Universidad Pontificia Comillas)
Morales Gálvez, Sergi (Universitat de València)
Pinilla, Ricardo (Universidad Pontificia Comillas)
Sánchez Galera, José María (Universidad Francisco de Vitoria)

Herder Editorial

Las mujeres y el desarrollo humano

Martha C. Nussbaum

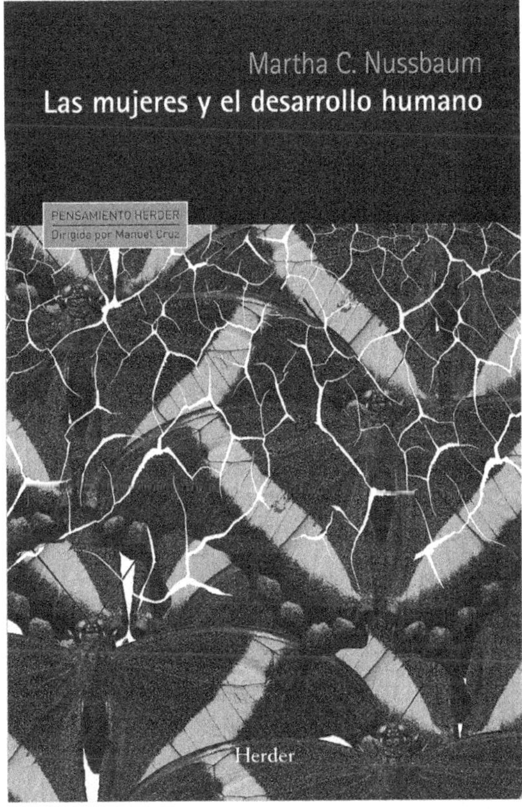

416 páginas
14,1 x 21,6 cm
ISBN: 978-84-254-3171-5
PVP: 24,90 €

En la mayor parte del mundo, las mujeres carecen de lo más elemental para el desarrollo de una vida humana. Reciben una alimentación inferior a los hombres, tienen una salud más precaria que ellos y son también más vulnerables a la violencia física y al abuso sexual. En muchos países, las mujeres no pueden tampoco participar en la vida política ni tienen los mismos derechos y libertades que los hombres. Estos y otros obstáculos y privaciones impiden que puedan desarrollar sus capacidades humanas —cognitivas, emocionales, imaginativas— en la misma medida que los hombres.

Las mujeres y el desarrollo humano combina la filosofía clásica y contemporánea, la economía y el derecho, con la experiencia personal de la autora en la India. La autora se propone ofrecer un esquema de acción de valor universal, aplicable dondequiera que se de una situación de desigualdad y de injusticia.

Herder Editorial S.L.
Provenza, 388
08025 Barcelona, España
Tel. +34 93 476 2626
www.herdereditorial.com

Los retos de la educación en la modernidad líquida

Zygmunt Bauman

64 páginas
12,2 x 19,8 cm
ISBN: 978-84-254-5366-3
PVP: 9,80 €

Pocas obras han descrito con tanta brillantez la fragilidad del individuo en la sociedad de consumo del siglo XXI como este texto de Zygmunt Bauman. En un mundo marcado por la aceleración, la obsolescencia y la identidad construida por ofertas que aparecen en el mercado, la educación ya no forma sujetos, sino consumidores de conocimiento desechable.

Con una mirada crítica y visionaria, Bauman analiza cómo esta lógica ha erosionado los vínculos, vaciando de sentido el saber y convirtiendo el aprendizaje en una herramienta de adaptación, no de transformación. Frente a ello, reivindica una educación que no solo transmita información, sino que cultive la experiencia, el pensamiento y la conciencia cívica.

Este ensayo, tan breve como profundo, es una invitación urgente a resistir la liquidez dominante y a recuperar la educación como un acto ético y político, capaz de sostener lo común, lo duradero y lo verdaderamente humano.